BRIAN GAGG

AF671534

WORTSUCHRÄTSE
3 in 1 SAMMELBAND

TISCHTENNIS, BADMINTON und MINIGOLF

Bibliografische Information der Deutschen Nationalbibliothek:
Die Deutsche Nationalbibliothek verzeichnet diese Publikation in der Deutschen Nationalbibliografie; detaillierte bibliografische Daten sind im Internet über http://dnb.dnb.de abrufbar.

© 2021 Brian Gagg; 1. Auflage
Covergrafik / Illustrationen Copyright © 2021 Brian Gagg and its licensors. All rights reserved.
Texte © 2021 Brian Gagg
Herstellung und Verlag: BoD – Books on Demand, Norderstedt
ISBN: 9783755700791

Inhaltsangabe   Seite

Einleitung

Auf den folgenden Seiten finden sich thematisch sortierte Wortsuchrätsel.
Um ein Wortsuchrätsel zu lösen, müssen alle jeweils aufgelisteten Worte in der darüber befindlichen Buchstabenmatrix gefunden werden. Ist ein Wort gefunden, sollte es mit einem Stift umkreist und das gefundene Wort aus der Liste gestrichen werden. Sind alle Worte aus der Liste gefunden, ist das Rätsel gelöst. Bei Schwierigkeiten ein Rätsel zu lösen, kann die Lösung jeweils auf der Rückseite nachgeschaut werden. Die zu findenden Worte sind jeweils als ganzes (d.h. immer nur in einer Richtung und ungebrochen) in der Matrix nach folgenden Regeln versteckt:

- Suchworte können sich überlagern, d.h. ein Buchstabenkästchen kann von mehreren Suchworten genutzt sein.

- Worte können vorwärts, rückwärts, horizontal, vertikal oder diagonal in der Matrix versteckt sein.

- Suchworte stehen für sich alleine und sind unter- oder nebeneinander aufgelistet.

N	L	A	X	Y	N	O	R	U	D	U	A	V	W	W	S	E	E	G
F	R	U	G	K	F	B	H	P	N	Y	M	R	E	B	B	N	Q	B
O	O	K	F	Y	J	B	S	F	V	L	D	L	W	X	E	Q	D	Q
V	L	J	E	F	X	F	X	L	W	I	T	K	W	T	L	I	M	E
G	B	L	F	W	R	G	G	N	A	M	L	X	Z	P	A	F	H	Y
V	C	E	X	H	Q	Y	L	I	E	X	O	R	M	Z	G	P	E	J
P	E	B	U	R	H	X	B	I	X	A	O	T	Y	H	P	H	U	I
Z	H	R	H	N	W	N	S	V	U	L	U	T	C	L	E	A	I	Z
O	F	K	L	M	Q	T	R	F	L	U	H	R	R	E	Y	L	J	Y
S	B	C	U	E	E	B	S	E	F	T	J	Y	F	S	T	M	L	N
W	C	D	P	R	T	T	R	L	D	N	A	T	S	L	E	I	P	S
D	Q	H	E	R	I	Z	U	A	D	E	V	J	D	A	H	M	F	G
M	A	X	I	E	Z	A	U	S	U	G	F	Q	B	X	K	T	Z	Y
M	Q	X	G	E	V	V	S	N	F	J	Y	S	M	M	A	G	E	M
I	P	S	V	U	D	R	D	F	G	K	Y	X	C	G	F	V	Q	N
X	H	G	U	Z	C	S	B	A	L	L	O	N	S	P	I	E	L	A
E	K	N	N	L	T	E	R	Z	Q	T	N	E	L	W	T	G	X	S
D	P	O	I	W	V	Q	G	I	A	P	U	H	Q	Y	K	Y	D	T
U	N	A	C	T	L	A	D	S	C	V	I	B	D	V	D	N	J	I
P	A	S	X	J	N	Q	S	L	F	H	V	Q	D	M	N	I	X	K
L	O	Q	U	K	C	S	F	R	Q	V	T	B	J	R	H	W	F	Y
X	Z	J	J	O	I	M	I	P	T	O	Y	E	Q	O	B	E	B	A
G	U	Z	P	V	S	S	C	C	E	W	V	K	R	D	X	I	K	P
U	O	N	O	W	D	J	S	R	M	C	N	B	M	A	W	W	D	D

1

SPIELSTAND
GYMNASTIK
WELTMEISTER
AUFSTIEG
MIXED

VERLETZUNG
NETZROLLER
BELAG
SCHIEDSRICHTER
BALLONSPIEL

Lösung

N L A X Y N O R U D U A V W W S E E G
F R U G K F B H P N Y M R E B B N Q B
O O K F Y J B S F V L D L W X E Q D Q
V L J E F X F X L W I T K W T L I M E
G B L F W R G G N A M L X Z P A F H Y
V C E X H Q Y L I E X O R M Z G P E J
P E B U R H X B I X A O T Y H P H U I
Z H R H N W N S V U L U T C L E A I Z
O F K L M Q T R F L U H R R E Y L J Y
S B C U E E B S E F T J Y F S T M L N
W C D P R T T R L D N A T S L E I P S
D Q H E R I Z U A D E V J D A H M F G
M A X I E Z A U S U G F Q B X K T Z Y
M Q X G E V V S N F J Y S M M A G E M
I P S V U D R D F G K Y X C G F V Q N
X H G U Z C S B A L L O N S P I E L A
E K N N L T E R Z Q T N E L W T G X S
D P O I W V Q G I A P U H Q Y K Y D T
U N A C T L A D S C V I B D V D N J I
P A S X J N Q S L F H V Q D M N I X K
L O Q U K C S F R Q V T B J R H W F Y
X Z J J O I M I P T O Y E Q O B E B A
G U Z P V S S C C E W V K R D X I K P
U O N O W D J S R M C N B M A W W D D

F L M B M O Y M C R B T D V Y P Q O A
U U T U K E O I E E J K I B X E S B L
J F Q T Q B P F H G N N L H T W U I T
A E I R W A B Q T E X S I G B R I P I
U U Z A V S P W G I I Q G E X Q W Y S
F L N I M K N F C S I B F S E Y O E C
S G O N Y D Y A G R K R F O N X P V H
C H O I A G I L S E D N A L F S F J T
H F U N N S L L I I C V L D J U F U E
L G Q G M X V G I N M B L T U O I O N
A K T S A K B P K R B B A M I C F Q N
G Z B G T H G G S U Z M P R L G G B I
W X R E C N L E E T K A B O L V P T S
E Z N R H K M A U S R U E S T U N G N
C B M A G F V E R B A N D S L I G A E
H P K E E Y V J W B O P S Q H D K Q T
S Z Q T W P E B K M W A H H P O H D Z
E F P W I U J U L Q Z H Z D X F D I A
L Q U Q N F N N I Q I N T H H D T E S
Q S T X N E F G J X E C A F N A Z T B
G N U G I D I E T R E V L D X Q J U M
E Z G W G Z M S T E B J P D K M P U E
C N W B S N V F E U R H X A Q L T M F
M J F F G O M H Y K O L D O T B T I V

2

AUSRUESTUNG
VERBANDSLIGA
LANDESLIGA
AUFSCHLAGWECHSEL
TISCHTENNISNETZ
VERTEIDIGUNG
TRAININGSGERAET
TURNIERSIEGER
PLATZ
MATCHGEWINN

Lösung

F L M B M O Y M C R B T D V Y P Q O A
U U T U K E O I E E J K I B X E S B L
J F Q T Q B P F H G N N L H T W U I T
A E I R W A B Q T E X S I G B R I P I
U U Z A V S P W G I I Q G E X Q W Y S
F L N I M K N F C S I B F S E Y O E C
S G O N Y D Y A G R K R F O N X P V H
C H O I A G I L S E D N A L F S F J T
H F U N N S L L I I C V L D J U F U E
L G Q G M X V G I N M B L T U O I O N
A K T S A K B P K R B B A M I C F Q N
G Z B G T H G G S U Z M P R L G G B I
W X R E C N L E E T K A B O L V P T S
E Z N R H K M A U S R U E S T U N G N
C B M A G F V E R B A N D S L I G A E
H P K E E Y V J W B O P S Q H D K Q T
S Z Q T W P E B K M W A H H P O H D Z
E F P W I U J U L Q Z H Z D X F D I A
L Q U Q N F N N I Q I N T H H D T E S
Q S T X N E F G J X E C A F N A Z T B
G N U G I D I E T R E V L D X Q J U M
E Z G W G Z M S T E B J P D K M P U E
C N W B S N V F E U R H X A Q L T M F
M J F F G O M H Y K O L D O T B T I V

I	Q	A	E	Q	O	G	A	T	T	U	Z	G	T	Q	R	B	U	I
J	N	T	B	X	B	Q	D	D	N	V	F	S	H	K	E	O	R	R
S	L	B	C	D	I	R	L	Z	O	P	Q	B	D	L	Z	L	J	T
Z	R	U	G	D	Z	U	Q	I	I	B	O	X	Y	W	I	A	V	N
B	A	G	M	B	O	T	F	U	T	A	C	S	Y	V	U	E	V	A
Y	L	K	M	V	B	L	Y	D	A	L	G	H	I	H	R	R	X	G
Z	J	J	A	Y	E	J	Z	Q	N	L	S	O	Q	U	N	G	T	I
M	O	A	T	O	R	T	Q	Y	I	F	B	I	J	X	G	R	E	L
K	D	B	C	P	L	M	F	H	D	L	W	Z	S	B	R	W	C	L
E	A	L	H	U	I	A	Y	C	R	U	D	I	D	I	W	M	H	A
N	N	H	P	R	G	T	R	A	O	G	S	J	E	O	Y	H	N	N
Q	Q	X	U	V	A	C	V	C	O	B	P	H	S	Z	Y	G	I	O
J	F	F	N	B	Z	H	I	N	K	A	I	H	Z	C	A	V	K	I
B	P	F	K	W	F	B	W	D	L	H	E	Y	S	J	S	Y	T	G
W	I	I	T	T	O	P	O	M	Y	N	L	N	C	O	F	N	R	E
G	A	R	K	K	D	T	V	X	P	B	Z	D	V	X	F	C	A	R
G	E	G	Y	N	R	H	S	X	Y	S	E	H	D	X	Q	V	I	F
T	L	N	L	M	U	O	L	Q	B	V	I	H	B	L	Z	S	N	G
K	V	A	F	X	A	N	Z	U	T	J	T	I	F	C	X	O	I	W
H	O	F	R	S	N	X	V	P	P	H	M	U	B	X	F	W	N	G
W	J	K	W	Z	Z	T	S	I	E	I	F	T	W	Y	W	O	G	D
L	F	K	G	A	N	F	S	F	X	V	Y	F	I	P	Z	T	X	O
L	N	B	U	N	W	V	W	G	O	R	G	T	Q	A	Z	K	O	D
F	O	P	M	G	T	M	F	P	T	X	C	R	V	N	G	F	W	C

3

OBERLIGA
MATCH
KOORDINATION
MATCHPUNKT
TECHNIKTRAINING

REGIONALLIGA
SPIELZEIT
BALLFLUGBAHN
FANS
ANGRIFF

Lösung

I	Q	A	E	Q	O	G	A	T	T	U	Z	G	T	Q	R	B	U	I
J	N	T	B	X	B	Q	D	D	N	V	F	S	H	K	E	O	R	R
S	L	B	C	D	I	R	L	Z	O	P	Q	B	D	L	Z	L	J	T
Z	R	U	G	D	Z	U	Q	I	I	B	O	X	Y	W	I	A	V	N
B	A	G	M	B	O	T	F	U	T	A	C	S	Y	V	U	E	V	A
Y	L	K	M	V	B	L	Y	D	A	L	G	H	I	H	R	R	X	G
Z	J	J	A	Y	E	J	Z	Q	N	L	S	O	Q	U	N	G	T	I
M	O	A	T	O	R	T	Q	Y	I	F	B	I	J	X	G	R	E	L
K	D	B	C	P	L	M	F	H	D	L	W	Z	S	B	R	W	C	L
E	A	L	H	U	I	A	Y	C	R	U	D	I	D	I	W	M	H	A
N	N	H	P	R	G	T	R	A	O	G	S	J	E	O	Y	H	N	N
Q	Q	X	U	V	A	C	V	C	O	B	P	H	S	Z	Y	G	I	O
J	F	F	N	B	Z	H	I	N	K	A	I	H	Z	C	A	V	K	I
B	P	F	K	W	F	B	W	D	L	H	E	Y	S	J	S	Y	T	G
W	I	I	T	T	O	P	O	M	Y	N	L	N	C	O	F	N	R	E
G	A	R	K	K	D	T	V	X	P	B	Z	D	V	X	F	C	A	R
G	E	G	Y	N	R	H	S	X	Y	S	E	H	D	X	Q	V	I	F
T	L	N	L	M	U	O	L	Q	B	V	I	H	B	L	Z	S	N	G
K	V	A	F	X	A	N	Z	U	T	J	T	I	F	C	X	O	I	W
H	O	F	R	S	N	X	V	P	P	H	M	U	B	X	F	W	N	G
W	J	K	W	Z	Z	T	S	I	E	I	F	T	W	Y	W	O	G	D
L	F	K	G	A	N	F	S	F	X	V	Y	F	I	P	Z	T	X	O
L	N	B	U	N	W	V	W	G	O	R	G	T	Q	A	Z	K	O	D
F	O	P	M	G	T	M	F	P	T	X	C	R	V	N	G	F	W	C

L G K C K F I Q S E K R X F G Y E L U
N N O I R E L X Z L T P K N B A S B D
E U L G S Z S O A W M T V K A S Y D B
T R D K C N Z Z C Z T O M L L I L B G
K H R V D G O Y C U H G Y C L N A N Z
H E L Q U H H R Q X D D V B O N N G X
Z A H I A W S I E G U N U D N E A O I
X N B I I Y X B H Y L U N Y A T R G D
H R I T O R X O G Y P A F Q B V E E M
O E O M V O Y C J P H W K P W L N V E
D F E B Z G D Z J R E U A M E U E F W
V K A S E C T L O I G P K K H A G G E
H Z A N Z S I V E Q Q U T J R F E D I
U X T N P F L U H G T E C G T I G W O
Q U U W O Y A V Z Z S Z J V I H H K S
C F Q R Z P S S V D E I B Y Q M Q U B
N O P L P D N L P G C T E F Q M K G S
P D V P F S V C G R R J I R K U B J Y
L E I P S S G N I N I A R T P M W N K
Y E K Q A H H C G K Y M W M V X W K Q
F L N P F X O S B W T A I G X V B S V
M B V P N K C C E A U S Z E I T N E F
V A Q J Y Q V D H T D M R N M E H E L
E T L C U X H N E E B U Q C M B I A S

4

SIEG
BALLONABWEHR
PREISGELD
AUSZEIT
PROFI

ERNAEHRUNG
GEGENERANALYSE
TABLE TENNIS
VORHAND
TRAININGSSPIEL

Lösung

L	G	K	C	K	F	I	Q	S	E	K	R	X	F	G	Y	E	L	U
N	N	O	I	R	E	L	X	Z	L	T	P	K	N	B	A	S	B	D
E	U	L	G	S	Z	S	O	A	W	M	T	V	K	A	S	Y	D	B
T	R	D	K	C	N	Z	Z	C	Z	T	O	M	L	L	I	L	B	G
K	H	R	V	D	G	O	Y	C	U	H	G	Y	C	L	N	A	N	Z
H	E	L	Q	U	H	H	R	Q	X	D	D	V	B	O	N	N	G	X
Z	A	H	I	A	W	S	I	E	G	U	N	U	D	N	E	A	O	I
X	N	B	I	I	Y	X	B	H	Y	L	U	N	Y	A	T	R	G	D
H	R	I	T	O	R	X	O	G	Y	P	A	F	Q	B	V	E	E	M
O	E	O	M	V	O	Y	C	J	P	H	W	K	P	W	L	N	V	E
D	F	E	B	Z	G	D	Z	J	R	E	U	A	M	E	U	E	F	W
V	K	A	S	E	C	T	L	O	I	G	P	K	K	H	A	G	G	E
H	Z	A	N	Z	S	I	V	E	Q	Q	U	T	J	R	F	E	D	I
U	X	T	N	P	F	L	U	H	G	T	E	C	G	T	I	G	W	O
Q	U	U	W	O	Y	A	V	Z	Z	S	Z	J	V	I	H	H	K	S
C	F	Q	R	Z	P	S	S	V	D	E	I	B	Y	Q	M	Q	U	B
N	O	P	L	P	D	N	L	P	G	C	T	E	F	Q	M	K	G	S
P	D	V	P	F	S	V	C	G	R	R	J	I	R	K	U	B	J	Y
L	E	I	P	S	S	G	N	I	N	I	A	R	T	P	M	W	N	K
Y	E	K	Q	A	H	H	C	G	K	Y	M	W	M	V	X	W	K	Q
F	L	N	P	F	X	O	S	B	W	T	A	I	G	X	V	B	S	V
M	B	V	P	N	K	C	C	E	A	U	S	Z	E	I	T	N	E	F
V	A	Q	J	Y	Q	V	D	H	T	D	M	R	N	M	E	H	E	L
E	T	L	C	U	X	H	N	E	E	B	U	Q	C	M	B	I	A	S

V	E	P	J	O	N	A	Z	R	E	N	R	S	Z	Z	Q	H	K	M
H	X	F	W	G	G	B	V	X	V	R	U	C	U	W	P	T	N	F
L	G	K	M	J	L	K	Y	Q	P	U	K	H	B	Y	Y	Z	Q	R
T	S	W	F	I	O	D	W	C	I	E	M	N	A	F	L	G	N	J
L	C	Z	T	U	T	Y	T	P	L	C	O	I	L	V	H	P	Y	D
E	H	G	M	A	Z	T	M	R	B	K	E	T	L	N	X	A	Y	S
Z	L	F	Z	Z	Y	Z	F	A	R	S	P	T	V	Z	D	A	N	Q
B	A	F	U	J	F	N	R	E	Y	C	X	A	E	T	K	F	V	F
K	E	C	X	Q	Z	U	S	M	L	H	D	B	R	H	Q	T	I	F
A	G	D	K	S	Q	A	V	I	C	L	C	W	L	R	Q	W	N	C
R	E	V	U	Q	P	S	R	E	X	A	V	E	U	S	T	B	I	W
X	R	X	S	D	N	N	L	Q	J	G	P	H	S	U	Y	L	K	F
D	T	F	B	R	N	I	P	Q	C	G	Y	R	T	T	Y	V	X	Z
F	O	E	L	R	E	I	C	A	J	I	E	L	O	R	M	L	Y	O
A	N	H	X	V	R	D	P	Y	A	Z	R	S	C	O	L	B	Z	U
I	Y	T	K	L	R	S	B	A	F	O	T	O	L	P	G	S	K	N
Q	G	K	T	E	E	M	B	U	X	G	R	G	M	H	Q	B	I	H
V	Z	M	I	E	H	T	T	M	M	A	F	I	K	A	R	U	B	C
N	P	R	A	R	S	S	E	N	T	I	F	M	H	E	M	Q	J	Y
V	N	Q	K	F	N	K	U	G	Z	N	G	O	N	E	L	J	Q	J
V	J	R	A	R	Z	H	T	K	T	N	G	P	M	A	S	E	H	O
W	C	O	E	R	S	A	T	Z	S	C	H	L	A	E	G	E	R	C
H	H	X	H	S	E	M	Z	U	Q	Z	P	P	G	Y	B	Q	T	K
U	P	R	Y	Y	S	G	X	D	Q	D	F	L	P	E	B	Z	T	W

5

TROPHAEE
ITTF
HERREN
SCHLAEGER
RUECKSCHLAG

ERSATZSCHLAEGER
BALLVERLUST
SCHNITTABWEHR
FITNESS
PRAEMIE

Lösung

V	E	P	J	O	N	A	Z	R	E	N	R	S	Z	Z	Q	H	K	M
H	X	F	W	G	G	B	V	X	V	R	U	C	U	W	P	T	N	F
L	G	K	M	J	L	K	Y	Q	P	U	K	H	B	Y	Y	Z	Q	R
T	S	W	F	I	O	D	W	C	I	E	M	N	A	F	L	G	N	J
L	C	Z	T	U	T	Y	T	P	L	C	O	I	L	V	H	P	Y	D
E	H	G	M	A	Z	T	M	R	B	K	E	T	L	N	X	A	Y	S
Z	L	F	Z	Z	Y	Z	F	A	R	S	P	T	V	Z	D	A	N	Q
B	A	F	U	J	F	N	R	E	Y	C	X	A	E	T	K	F	V	F
K	E	C	X	Q	Z	U	S	M	L	H	D	B	R	H	Q	T	I	F
A	G	D	K	S	Q	A	V	I	C	L	C	W	L	R	Q	W	N	C
R	E	V	U	Q	P	S	R	E	X	A	V	E	U	S	T	B	I	W
X	R	X	S	D	N	N	L	Q	J	G	P	H	S	U	Y	L	K	F
D	T	F	B	R	N	I	P	Q	C	G	Y	R	T	T	Y	V	X	Z
F	O	E	L	R	E	I	C	A	J	I	E	L	O	R	M	L	Y	O
A	N	H	X	V	R	D	P	Y	A	Z	R	S	C	O	L	B	Z	U
I	Y	T	K	L	R	S	B	A	F	O	T	O	L	P	G	S	K	N
Q	G	K	T	E	E	M	B	U	X	G	R	G	M	H	Q	B	I	H
V	Z	M	I	E	H	T	T	M	M	A	F	I	K	A	R	U	B	C
N	P	R	A	R	S	S	E	N	T	I	F	M	H	E	M	Q	J	Y
V	N	Q	K	F	N	K	U	G	Z	N	G	O	N	E	L	J	Q	J
V	J	R	A	R	Z	H	T	K	T	N	G	P	M	A	S	E	H	O
W	C	O	E	R	S	A	T	Z	S	C	H	L	A	E	G	E	R	C
H	H	X	H	S	E	M	Z	U	Q	Z	P	P	G	Y	B	Q	T	K
U	P	R	Y	Y	S	G	X	D	Q	D	F	L	P	E	B	Z	T	W

E	F	J	V	S	U	C	X	P	W	W	I	L	W	H	M	B	D	Z
A	H	G	G	E	R	M	A	T	Y	J	W	D	E	R	R	C	L	K
O	Y	M	Y	Z	Z	N	Z	I	L	G	F	F	Q	J	A	Z	B	O
S	U	A	L	P	P	A	W	H	K	R	M	S	W	C	B	K	F	V
U	B	G	K	T	T	G	K	T	E	Q	S	E	D	O	C	S	R	J
E	C	N	M	I	H	V	Y	R	M	H	R	I	P	L	F	I	V	H
K	R	A	F	T	M	O	D	B	A	Q	O	T	Y	C	L	G	Z	L
V	O	A	G	K	L	H	W	I	O	J	O	E	N	W	Z	T	M	V
S	C	H	U	P	F	B	A	L	L	D	D	N	H	E	M	O	F	S
F	F	D	P	J	L	O	Z	R	P	C	N	S	H	M	L	Y	G	P
P	K	S	E	F	L	M	N	U	D	S	I	C	R	Z	E	D	I	Q
Y	U	R	N	A	N	R	D	E	U	Q	S	H	G	O	I	S	M	Z
X	G	K	R	T	T	S	W	C	L	L	A	N	F	P	P	A	Y	B
J	V	C	C	B	A	F	C	K	S	E	T	I	Y	W	S	T	D	S
M	V	O	R	H	D	E	F	S	J	S	Z	T	D	R	R	Z	T	Z
U	J	J	Y	L	B	F	K	C	Q	H	V	T	Q	A	E	B	P	U
C	M	Q	U	M	A	O	B	H	I	C	E	R	R	P	W	A	K	L
Y	M	G	A	M	V	Z	A	L	W	E	R	N	I	Y	O	L	M	Z
L	M	H	R	X	Z	N	M	A	Q	W	L	T	W	S	P	L	M	Z
X	E	Q	O	K	S	D	C	E	Y	L	U	D	S	B	I	P	S	L
V	X	R	Y	J	P	N	Z	G	G	L	S	D	K	N	I	S	W	K
X	W	O	G	N	O	J	F	E	H	A	T	J	W	H	F	P	Z	X
O	Y	T	Y	F	L	I	S	R	L	B	M	G	R	P	Z	P	S	X
C	R	S	I	O	N	P	S	P	B	Q	Q	A	K	V	M	Y	N	J

6

SATZBALL

BALLWECHSEL

SEITENSCHNITT

APPLAUS

RUECKSCHLAEGER

SATZVERLUST

SCHUPFBALL

POWERSPIEL

KRAFT

INDOOR

Lösung

E	F	J	V	S	U	C	X	P	W	W	I	L	W	H	M	B	D	Z
A	H	G	G	E	R	M	A	T	Y	J	W	D	E	R	R	C	L	K
O	Y	M	Y	Z	Z	N	Z	I	L	G	F	F	Q	J	A	Z	B	O
S	U	A	L	P	P	A	W	H	K	R	M	S	W	C	B	K	F	V
U	B	G	K	T	T	G	K	T	E	Q	S	E	D	O	C	S	R	J
E	C	N	M	I	H	V	Y	R	M	H	R	I	P	L	F	I	V	H
K	R	A	F	T	M	O	D	B	A	Q	O	T	Y	C	L	G	Z	L
V	O	A	G	K	L	H	W	I	O	J	O	E	N	W	Z	T	M	V
S	C	H	U	P	F	B	A	L	L	D	D	N	H	E	M	O	F	S
F	F	D	P	J	L	O	Z	R	P	C	N	S	H	M	L	Y	G	P
P	K	S	E	F	L	M	N	U	D	S	I	C	R	Z	E	D	I	Q
Y	U	R	N	A	N	R	D	E	U	Q	S	H	G	O	I	S	M	Z
X	G	K	R	T	T	S	W	C	L	L	A	N	F	P	P	A	Y	B
J	V	C	C	B	A	F	C	K	S	E	T	I	Y	W	S	T	D	S
M	V	O	R	H	D	E	F	S	J	S	Z	T	D	R	R	Z	T	Z
U	J	J	Y	L	B	F	K	C	Q	H	V	T	Q	A	E	B	P	U
C	M	Q	U	M	A	O	B	H	I	C	E	R	R	P	W	A	K	L
Y	M	G	A	M	V	Z	A	L	W	E	R	N	I	Y	O	L	M	Z
L	M	H	R	X	Z	N	M	A	Q	W	L	T	W	S	P	L	M	Z
X	E	Q	O	K	S	D	C	E	Y	L	U	D	S	B	I	P	S	L
V	X	R	Y	J	P	N	Z	G	G	L	S	D	K	N	I	S	W	K
X	W	O	G	N	O	J	F	E	H	A	T	J	W	H	F	P	Z	X
O	Y	T	Y	F	L	I	S	R	L	B	M	G	R	P	Z	P	S	X
C	R	S	I	O	N	P	S	P	B	Q	Q	A	K	V	M	Y	N	J

Q	O	R	U	F	A	O	R	O	O	S	Z	Z	O	A	F	M	L	F
H	O	P	K	W	E	R	U	R	P	L	E	E	F	D	L	L	G	H
Y	L	I	V	I	R	P	Z	A	E	X	C	O	P	V	P	G	I	X
L	Q	O	B	H	L	W	W	I	I	H	T	E	H	F	K	U	L	C
H	G	E	J	K	U	R	P	F	S	N	N	C	O	F	F	J	U	F
A	Y	M	U	W	E	S	O	P	U	H	O	Z	F	X	H	I	N	H
I	Q	P	C	T	T	A	J	K	O	P	V	J	Q	P	Y	X	O	R
S	X	Y	S	I	H	C	Q	L	S	D	C	L	N	I	E	L	P	N
L	V	Y	E	P	A	V	D	S	G	L	G	K	D	W	D	C	R	P
B	E	Z	H	G	G	E	O	Y	T	E	K	S	U	V	F	H	S	N
L	Z	I	D	W	R	N	H	V	G	I	M	N	X	Q	L	H	C	N
Z	L	D	P	F	E	I	U	N	L	P	L	G	Z	W	Z	T	M	F
X	R	A	Z	S	M	F	P	D	E	S	A	U	Y	I	T	K	X	L
T	A	K	B	S	R	W	N	F	I	T	N	A	D	K	A	S	X	O
L	F	Y	I	R	C	E	T	F	C	E	Z	Q	V	L	P	V	O	G
Y	Q	A	O	W	E	U	S	Q	P	K	H	K	C	R	H	F	S	C
L	K	B	H	H	F	T	T	I	Z	S	U	C	W	D	T	N	A	E
H	Q	L	M	C	U	A	T	S	A	Y	N	H	S	B	S	K	V	K
E	R	I	A	R	S	J	O	E	U	K	H	I	L	T	Z	M	U	U
V	N	P	N	J	H	N	D	O	M	L	Y	A	J	T	N	U	X	V
Z	Q	I	R	C	H	D	N	Y	L	H	R	H	L	C	Z	E	Y	G
T	E	U	R	O	M	D	B	A	F	L	C	E	F	E	K	I	S	K
R	V	W	J	C	R	K	X	D	M	C	I	S	V	T	J	N	Y	T
C	Y	N	C	X	L	Z	V	R	J	G	J	Z	T	O	P	I	G	H

7

VERLUST
SCHMETTERBALL
ZEITSPIEL
NETZ
MANNSCHAFT

SPIEL
KAISERSPIEL
TURNIER
PENHOLDER STIL
ENTSCHEIDUNG

Lösung

Q	O	R	U	F	A	O	R	O	O	S	Z	Z	O	A	F	M	L	F
H	O	P	K	W	E	R	U	R	P	L	E	E	F	D	L	L	G	H
Y	L	I	V	I	R	P	Z	A	E	X	C	O	P	V	P	G	I	X
L	Q	O	B	H	L	W	W	I	I	H	T	E	H	F	K	U	L	C
H	G	E	J	K	U	R	P	F	S	N	N	C	O	F	F	J	U	F
A	Y	M	U	W	E	S	O	P	U	H	O	Z	F	X	H	I	N	H
I	Q	P	C	T	T	A	J	K	O	P	V	J	Q	P	Y	X	O	R
S	X	Y	S	I	H	C	Q	L	S	D	C	L	N	I	E	L	P	N
L	V	Y	E	P	A	V	D	S	G	L	G	K	D	W	D	C	R	P
B	E	Z	H	G	G	E	O	Y	T	E	K	S	U	V	F	H	S	N
L	Z	I	D	W	R	N	H	V	G	I	M	N	X	Q	L	H	C	N
Z	L	D	P	F	E	I	U	N	L	P	L	G	Z	W	Z	T	M	F
X	R	A	Z	S	M	F	P	D	E	S	A	U	Y	I	T	K	X	L
T	A	K	B	S	R	W	N	F	I	T	N	A	D	K	A	S	X	O
L	F	Y	I	R	C	E	T	F	C	E	Z	Q	V	L	P	V	O	G
Y	Q	A	O	W	E	U	S	Q	P	K	H	K	C	R	H	F	S	C
L	K	B	H	H	F	T	T	I	Z	S	U	C	W	D	T	N	A	E
H	Q	L	M	C	U	A	T	S	A	Y	N	H	S	B	S	K	V	K
E	R	I	A	R	S	J	O	E	U	K	H	I	L	T	Z	M	U	U
V	N	P	N	J	H	N	D	O	M	L	Y	A	J	T	N	U	X	V
Z	Q	I	R	C	H	D	N	Y	L	H	R	H	L	C	Z	E	Y	G
T	E	U	R	O	M	D	B	A	F	L	C	E	F	E	K	I	S	K
R	V	W	J	C	R	K	X	D	M	C	I	S	V	T	J	N	Y	T
C	Y	N	C	X	L	Z	V	R	J	G	J	Z	T	O	P	I	G	H

R	M	E	T	R	D	X	C	S	T	L	M	D	I	M	A	W	M	K
O	B	R	R	C	W	K	N	H	L	H	C	K	B	W	M	B	N	N
L	T	L	M	E	I	G	K	C	Y	E	S	M	B	C	L	I	A	C
N	G	A	E	P	R	Q	T	P	V	T	H	G	J	X	I	I	B	V
R	X	N	U	W	F	P	P	D	Y	R	A	P	C	L	P	W	N	N
F	M	S	I	F	S	D	N	A	H	P	K	R	H	X	O	U	T	G
E	N	M	X	N	G	L	A	B	E	X	E	V	I	Y	L	G	W	T
Z	I	J	L	M	I	A	I	T	L	W	B	P	N	B	T	R	K	F
Z	G	E	Q	Z	Y	A	B	V	V	L	U	V	E	A	K	V	I	Q
N	U	T	G	B	W	Z	R	E	E	K	F	N	S	O	N	L	L	E
J	F	S	T	E	C	G	I	T	W	C	C	Q	I	V	U	C	M	F
F	S	I	C	I	S	A	M	U	W	T	S	D	S	A	P	M	D	W
H	H	L	C	H	M	U	V	L	O	L	N	J	C	X	N	N	X	D
J	M	G	X	L	A	E	N	Q	W	J	I	A	H	T	E	X	D	R
E	M	N	A	V	V	U	O	D	B	O	L	A	R	G	R	Z	V	D
D	S	A	K	N	H	S	E	U	H	W	E	G	C	P	H	X	F	Y
C	S	R	Z	Y	Y	V	D	R	T	E	F	J	B	P	E	M	V	G
M	Y	G	C	F	Q	S	I	N	B	T	I	L	E	S	R	J	X	Q
K	P	K	L	F	Z	W	F	R	K	K	N	T	B	A	Z	E	A	N
B	H	Q	E	Z	Y	M	S	N	E	M	I	S	Y	V	A	W	E	G
Z	J	X	V	D	X	B	X	S	C	G	H	U	I	B	A	O	X	Q
R	X	V	F	M	S	K	K	A	V	E	R	F	I	W	G	Q	H	G
X	W	A	G	C	O	F	V	A	U	C	C	N	Y	A	X	U	B	O
M	M	E	I	B	S	A	O	J	B	I	H	I	V	G	A	L	N	S

8

EHRENPUNKT
TIMEOUT
CHINESISCH
GESUNDHEIT
AUFGABE
ZUSCHAUER
RANGLISTE
SHAKE HANDS
TRAINING
LIVE

Lösung

R	M	E	T	R	D	X	C	S	T	L	M	D	I	M	A	W	M	K
O	B	R	R	C	W	K	N	H	L	H	C	K	B	W	M	B	N	N
L	T	L	M	E	I	G	K	C	Y	E	S	M	B	C	L	I	A	C
N	G	A	E	P	R	Q	T	P	V	T	H	G	J	X	I	I	B	V
R	X	N	U	W	F	P	P	D	Y	R	A	P	C	L	P	W	N	N
F	M	S	I	F	S	D	N	A	H	P	K	R	H	X	O	U	T	G
E	N	M	X	N	G	L	A	B	E	X	E	V	I	Y	L	G	W	T
Z	I	J	L	M	I	A	I	T	L	W	B	P	N	B	T	R	K	F
Z	G	E	Q	Z	Y	A	B	V	V	L	U	V	E	A	K	V	I	Q
N	U	T	G	B	W	Z	R	E	E	K	F	N	S	O	N	L	L	E
J	F	S	T	E	C	G	I	T	W	C	C	Q	I	V	U	C	M	F
F	S	I	C	I	S	A	M	U	W	T	S	D	S	A	P	M	D	W
H	H	L	C	H	M	U	V	L	O	L	N	J	C	X	N	N	X	D
J	M	G	X	L	A	E	N	Q	W	J	I	A	H	T	E	X	D	R
E	M	N	A	V	V	U	O	D	B	O	L	A	R	G	R	Z	V	D
D	S	A	K	N	H	S	E	U	H	W	E	G	C	P	H	X	F	Y
C	S	R	Z	Y	Y	V	D	R	T	E	F	J	B	P	E	M	V	G
M	Y	G	C	F	Q	S	I	N	B	T	I	L	E	S	R	J	X	Q
K	P	K	L	F	Z	W	F	R	K	K	N	T	B	A	Z	E	A	N
B	H	Q	E	Z	Y	M	S	N	E	M	I	S	Y	V	A	W	E	G
Z	J	X	V	D	X	B	X	S	C	G	H	U	I	B	A	O	X	Q
R	X	V	F	M	S	K	K	A	V	E	R	F	I	W	G	Q	H	G
X	W	A	G	C	O	F	V	A	U	C	C	N	Y	A	X	U	B	O
M	M	E	I	B	S	A	O	J	B	I	H	I	V	G	A	L	N	S

E	H	H	U	X	N	Q	A	G	S	Q	V	Z	M	Q	S	F	O	K
E	N	F	B	H	I	H	I	A	X	U	W	A	T	O	J	T	S	X
V	F	N	R	P	L	S	S	A	T	Z	G	G	V	W	A	P	D	Y
G	M	S	A	W	D	H	Q	J	I	E	B	L	K	H	X	K	V	Z
Y	A	U	I	V	N	N	F	Z	M	G	O	U	D	Q	Z	C	X	W
P	E	G	A	S	H	T	V	Y	H	K	Z	U	A	I	J	A	N	Q
X	E	G	T	N	B	P	I	R	Z	L	I	O	S	N	F	Y	H	O
M	K	F	G	T	H	B	O	A	W	X	S	W	L	N	O	B	U	U
A	F	F	V	M	A	C	J	O	U	W	M	U	B	D	Q	F	I	J
R	E	L	E	I	P	S	R	E	T	N	O	K	E	T	M	Q	D	E
A	U	S	D	A	U	E	R	T	R	A	I	N	I	N	G	V	L	X
G	O	Z	C	J	J	X	I	P	J	G	J	S	M	B	D	V	E	P
S	N	Z	B	I	F	F	H	K	I	Q	C	E	M	O	M	G	N	R
R	I	Z	C	H	V	R	N	C	C	H	I	Q	Q	Z	P	E	Y	E
J	L	Z	M	O	Z	T	T	C	P	S	S	U	G	F	R	A	Q	U
P	O	I	A	P	I	Z	X	L	T	C	X	M	L	B	A	E	R	K
G	M	C	G	K	E	M	A	E	N	E	T	Z	K	A	N	T	E	Y
I	F	M	M	Q	L	T	R	D	N	A	T	S	E	T	K	N	U	P
G	E	T	A	E	T	S	Y	O	Z	P	B	K	I	U	D	B	K	A
A	X	U	O	E	C	F	F	E	K	X	Y	M	Z	X	S	H	P	D
S	G	X	O	H	L	N	S	S	Z	G	Q	I	W	I	T	F	O	X
A	C	N	A	K	O	N	T	E	R	S	C	H	L	A	G	S	L	S
X	X	F	E	H	C	E	A	L	F	G	A	L	H	C	S	W	H	T
K	T	R	E	L	E	I	P	S	S	F	F	I	R	G	N	A	Y	G

9

KONTERSCHLAG
TISCHPLATTE
PUNKTESTAND
SATZ
MEISTERSCHAFT

AUSDAUERTRAINING
SCHLAGFLAECHE
KONTERSPIELER
NETZKANTE
ANGRIFFSSPIELER

Lösung

E H H U X N Q A G S Q V Z M Q S F O K
E N F B H I H I A X U W A T O J T S X
V F N R P L S S A T Z G G V W A P D Y
G M S A W D H Q J I E B L K H X K V Z
Y A U I V N N F Z M G O U D Q Z C X W
P E G A S H T V Y H K Z U A I J A N Q
X E G T N B P I R Z L I O S N F Y H O
M K F G T H B O A W X S W L N O B U U
A F F V M A C J O U W M U B D Q F I J
R E L E I P S R E T N O K E T M Q D E
A U S D A U E R T R A I N I N G V L X
G O Z C J J X I P J G J S M B D V E P
S N Z B I F F H K I Q C E M O M G N R
R I Z C H V R N C C H I Q Q Z P E Y E
J L Z M O Z T T C P S S U G F R A Q U
P O I A P I Z X L T C X M L B A E R K
G M C G K E M A E N E T Z K A N T E Y
I F M M Q L T R D N A T S E T K N U P
G E T A E T S Y O Z P B K I U D B K A
A X U O E C F F E K X Y M Z X S H P D
S G X O H L N S S Z G Q I W I T F O X
A C N A K O N T E R S C H L A G S L S
X X F E H C E A L F G A L H C S W H T
K T R E L E I P S S F F I R G N A Y G

R	P	D	Y	N	O	Q	K	M	Q	V	B	S	V	X	Z	W	V	E
U	Q	E	B	C	V	H	W	R	T	K	E	Z	G	R	P	P	X	P
G	H	V	X	K	M	E	N	P	B	M	D	T	Y	D	S	M	F	T
Y	S	O	X	E	W	S	B	C	W	W	V	G	P	C	J	V	W	F
J	O	W	O	G	K	K	R	X	V	W	H	P	J	H	S	U	Z	R
B	O	Q	P	S	W	V	E	V	E	R	L	I	E	R	E	R	L	J
T	K	D	V	L	R	H	Z	V	C	M	B	L	Y	I	G	C	O	J
R	S	V	A	E	H	B	G	D	J	B	X	F	U	T	Q	V	L	B
P	C	U	S	B	B	E	L	A	S	T	U	N	G	V	T	J	U	D
J	I	M	W	I	L	R	B	Q	S	B	N	T	T	Q	C	W	V	A
K	Y	Y	Z	Z	E	O	V	Q	C	Y	T	G	W	U	S	I	J	V
A	P	M	E	Z	M	I	O	T	V	F	E	V	G	G	Q	H	P	R
U	Q	U	U	S	T	G	R	W	R	C	U	N	Z	S	A	Q	T	C
Q	S	B	E	B	F	B	W	F	N	I	R	Z	L	Q	T	O	J	I
I	U	T	A	H	X	L	A	I	V	O	B	E	N	A	H	T	V	M
Q	P	W	S	N	D	I	E	G	I	R	H	U	K	E	K	O	Y	J
M	A	S	E	R	D	T	R	E	I	S	M	T	E	R	O	Q	V	A
P	L	V	A	I	Z	Z	T	T	Z	L	I	R	A	N	W	L	N	X
D	Q	K	A	L	U	O	S	R	V	K	S	S	D	R	E	T	Y	O
M	F	R	H	U	T	O	D	V	M	U	P	I	F	T	A	L	K	R
D	K	P	G	R	O	I	R	Q	A	H	N	H	E	M	O	M	F	V
Y	D	Y	F	L	D	J	A	I	B	P	L	D	Y	R	V	C	B	C
Y	Q	M	J	H	K	R	L	H	B	E	B	F	Z	E	K	O	F	O
P	I	V	J	U	X	U	L	X	G	Q	X	N	N	I	W	E	G	E

10

GEWINN
FLIP
TRIBUENE
TAKTIK
BLITZ KO

BELASTUNG
KREISLIGA
VORWAERTSDRALL
MARATHON
VERLIERER

Lösung

R P D Y N O Q K M Q V B S V X Z W V E

U Q E B C V H W R T K E Z G R P P X P

G H V X K M E N P B M D T Y D S M F T

Y S O X E W S B C W W V G P C J V W F

J O W O G K K R X V W H P J H S U Z R

B O Q P S W V E V E R L I E R E R L J

T K D V L R H Z V C M B L Y I G C O J

R S V A E H B G D J B X F U T Q V L B

P C U S B B E L A S T U N G V T J U D

J I M W I L R B Q S B N T T Q C W V A

K Y Y Z Z E O V Q C Y T G W U S I J V

A P M E Z M I O T V F E V G G Q H P R

U Q U U S T G R W R C U N Z S A Q T C

Q S B E B F B W F N I R Z L Q T O J I

I U T A H X L A I V O B E N A H T V M

Q P W S N D I E G I R H U K E K O Y J

M A S E R D T R E I S M T E R O Q V A

P L V A I Z Z T T Z L I R A N W L N X

D Q K A L U O S R V K S S D R E T Y O

M F R H U T O D V M U P I F T A L K R

D K P G R O I R Q A H N H E M O M F V

Y D Y F L D J A I B P L D Y R V C B C

Y Q M J H K R L H B E B F Z E K O F O

P I V J U X U L X G Q X N N I W E G E

R	E	L	H	E	F	L	E	I	P	S	M	P	H	C	P	C	V	R
I	F	A	R	K	S	D	U	B	F	I	D	W	I	R	Q	W	V	Z
A	G	V	M	C	C	W	P	M	U	N	X	V	R	J	T	L	H	X
U	X	N	H	J	Q	C	P	D	E	N	P	I	M	E	F	V	K	Z
B	X	L	Q	N	Y	Z	K	A	A	E	A	E	A	E	A	A	V	W
O	A	M	F	V	L	O	O	F	A	T	I	W	S	A	I	D	M	C
G	V	I	G	V	V	X	Q	T	N	H	T	V	A	U	R	W	Q	H
Y	V	N	W	B	B	W	I	V	S	C	C	I	G	F	P	B	H	B
E	R	X	F	E	Z	V	S	V	P	S	Y	S	P	H	L	N	C	U
N	H	O	M	S	O	G	U	M	R	I	P	Q	S	O	A	P	M	G
I	F	B	K	T	E	B	L	V	A	T	I	O	Z	L	Y	J	V	C
P	E	E	N	Z	S	R	N	E	C	F	N	N	Q	J	H	Q	N	P
Q	L	Y	O	H	D	H	D	R	H	Y	G	O	V	A	D	Y	U	F
R	V	V	F	L	C	R	H	B	E	E	Y	V	X	G	N	S	K	C
G	A	C	X	M	Z	C	E	A	I	I	W	P	W	D	R	R	S	U
B	D	C	R	H	Q	Z	E	N	R	S	A	V	L	U	E	J	J	W
S	U	R	L	D	F	M	Q	D	I	P	G	Q	B	B	L	R	P	A
T	I	E	B	B	I	V	M	S	W	W	H	W	M	P	E	K	N	N
M	O	V	G	F	F	E	Q	K	M	G	Y	P	D	P	I	E	T	C
S	K	C	X	E	O	B	D	L	E	I	N	I	V	S	P	O	W	T
S	E	M	U	N	A	X	S	A	W	K	N	O	W	C	S	I	Q	O
I	M	I	D	I	E	L	D	S	Q	B	Q	G	P	Z	K	U	M	M
U	U	Y	C	F	Q	M	O	S	H	R	L	O	L	O	K	X	D	L
A	X	S	Q	Z	K	C	K	E	B	D	G	Y	X	R	L	K	U	B

11

AUFHOLJAGD
PING PONG
SPIELFEHLER
VERBANDSKLASSE
FAIRPLAY

SPIELER
BEST OF FIVE
SCHLAG
TISCHTENNIS
ANSPRACHE

Lösung

R	E	L	H	E	F	L	E	I	P	S	M	P	H	C	P	C	V	R
I	F	A	R	K	S	D	U	B	F	I	D	W	I	R	Q	W	V	Z
A	G	V	M	C	C	W	P	M	U	N	X	V	R	J	T	L	H	X
U	X	N	H	J	Q	C	P	D	E	N	P	I	M	E	F	V	K	Z
B	X	L	Q	N	Y	Z	K	A	A	E	A	E	A	E	A	A	V	W
O	A	M	F	V	L	O	O	F	A	T	I	W	S	A	I	D	M	C
G	V	I	G	V	V	X	Q	T	N	H	T	V	A	U	R	W	Q	H
Y	V	N	W	B	B	W	I	V	S	C	C	I	G	F	P	B	H	B
E	R	X	F	E	Z	V	S	V	P	S	Y	S	P	H	L	N	C	U
N	H	O	M	S	O	G	U	M	R	I	P	Q	S	O	A	P	M	G
I	F	B	K	T	E	B	L	V	A	T	I	O	Z	L	Y	J	V	C
P	E	E	N	Z	S	R	N	E	C	F	N	N	Q	J	H	Q	N	P
Q	L	Y	O	H	D	H	D	R	H	Y	G	O	V	A	D	Y	U	F
R	V	V	F	L	C	R	H	B	E	E	Y	V	X	G	N	S	K	C
G	A	C	X	M	Z	C	E	A	I	I	W	P	W	D	R	R	S	U
B	D	C	R	H	Q	Z	E	N	R	S	A	V	L	U	E	J	J	W
S	U	R	L	D	F	M	Q	D	I	P	G	Q	B	B	L	R	P	A
T	I	E	B	B	I	V	M	S	W	W	H	W	M	P	E	K	N	N
M	O	V	G	F	F	E	Q	K	M	G	Y	P	D	P	I	E	T	C
S	K	C	X	E	O	B	D	L	E	I	N	I	V	S	P	O	W	T
S	E	M	U	N	A	X	S	A	W	K	N	O	W	C	S	I	Q	O
I	M	I	D	I	E	L	D	S	Q	B	Q	G	P	Z	K	U	M	M
U	U	Y	C	F	Q	M	O	S	H	R	L	O	L	O	K	X	D	L
A	X	S	Q	Z	K	C	K	E	B	D	G	Y	X	R	L	K	U	B

X	Y	P	F	W	D	W	P	B	Y	P	B	V	N	X	S	Z	H	U
L	E	S	H	C	E	W	N	E	T	I	E	S	V	I	P	I	H	A
P	V	E	Y	N	D	Q	S	T	E	A	M	S	P	I	E	L	E	R
D	N	F	X	Y	Z	H	O	J	X	U	C	X	X	E	H	B	D	P
C	G	R	F	R	H	A	U	Q	Z	N	J	O	U	C	M	A	E	G
L	T	E	J	M	L	L	N	V	V	Y	T	O	R	Q	A	M	N	M
T	H	T	L	E	A	H	R	N	G	B	Z	Z	O	P	U	M	T	B
P	J	N	S	T	L	L	A	B	N	E	T	N	A	K	S	H	V	P
M	B	O	T	F	W	N	U	G	V	G	G	A	E	R	T	R	J	G
Z	D	K	R	T	U	O	Z	C	W	M	Q	A	F	T	R	M	P	V
S	R	U	A	E	O	H	T	X	L	Y	R	M	Y	U	A	W	H	A
N	W	Q	T	T	T	M	D	R	T	N	O	B	Y	E	G	I	M	H
K	R	I	E	D	D	E	Z	H	U	D	W	B	K	B	U	S	T	J
C	J	D	G	Q	V	M	S	Y	B	E	D	J	X	U	N	E	D	A
O	Y	R	I	X	A	D	B	S	Q	B	T	P	D	N	G	G	R	B
A	P	B	E	Y	C	A	J	J	A	W	E	A	W	G	S	D	E	C
E	N	P	Y	B	P	J	W	O	G	L	P	S	M	R	O	Z	K	Z
P	K	R	R	O	F	A	T	C	A	V	K	W	D	A	R	P	O	G
M	Y	I	U	T	Y	W	U	B	W	R	L	T	H	N	T	G	R	A
J	Q	S	A	M	L	O	K	M	N	U	D	S	L	A	M	E	D	P
K	F	Y	I	S	Q	Z	Z	J	T	D	Q	B	M	E	N	V	O	C
N	V	L	V	X	K	G	F	Q	L	U	G	N	J	T	W	D	U	W
N	U	D	I	X	P	O	F	P	I	D	A	D	T	W	M	N	S	I
Y	Y	J	E	B	Y	H	Q	K	P	A	U	Q	F	Q	K	Y	I	T

12

STRATEGIE
KONTER
TEAMSPIELER
WELTKLASSE
AMATEUR
SEITENWECHSEL
AUSTRAGUNGSORT
UEBUNG
KANTENBALL
REKORD

Lösung

X Y P F W D W P B Y P B V N X S Z H U
L E S H C E W N E T I E S V I P I H A
P V E Y N D Q S T E A M S P I E L E R
D N F X Y Z H O J X U C X X E H B D P
C G R F R H A U Q Z N J O U C M A E G
L T E J M L L N V V Y T O R Q A M N M
T H T L E A H R N G B Z Z O P U M T B
P J N S T L L A B N E T N A K S H V P
M B O T F W N U G V G G A E R T R J G
Z D K R T U O Z C W M Q A F T R M P V
S R U A E O H T X L Y R M Y U A W H A
N W Q T T T M D R T N O B Y E G I M H
K R I E D D E Z H U D W B K B U S T J
C J D G Q V M S Y B E D J X U N E D A
O Y R I X A D B S Q B T P D N G G R B
A P B E Y C A J J A W E A W G S D E C
E N P Y B P J W O G L P S M R O Z K Z
P K R R O F A T C A V K W D A R P O G
M Y I U T Y W U B W R L T H N T G R A
J Q S A M L O K M N U D S L A M E D P
K F Y I S Q Z Z J T D Q B M E N V O C
N V L V X K G F Q L U G N J T W D U W
N U D I X P O F P I D A D T W M N S I
Y Y J E B Y H Q K P A U Q F Q K Y I T

B	K	Q	D	V	F	F	F	D	Q	M	L	O	A	R	O	Q	X	H
S	X	U	K	O	L	G	Y	W	P	M	J	B	Z	T	R	A	N	O
R	Z	R	Z	X	V	F	G	L	E	K	T	V	S	Q	E	F	X	C
B	Z	E	W	T	H	I	Q	J	S	S	G	Q	E	W	C	F	A	C
L	N	W	G	C	K	K	C	N	H	S	D	B	P	I	Y	P	G	A
M	J	Y	J	X	Z	A	E	O	S	J	D	H	A	S	V	P	I	K
K	M	X	S	K	D	H	B	G	I	H	B	X	D	N	G	T	L	G
F	Q	F	I	G	H	L	A	H	E	Z	Y	P	T	O	C	Q	S	U
W	A	Q	E	U	H	G	E	X	S	W	N	N	S	N	P	V	E	H
R	W	C	G	F	N	R	F	A	S	O	I	N	K	Y	O	Y	D	X
E	Z	S	E	K	L	M	R	I	U	F	B	N	Q	R	F	K	N	C
G	H	B	R	S	A	V	I	I	R	X	I	E	N	J	B	V	U	P
E	D	U	E	T	L	J	S	H	Y	M	D	P	M	E	O	Z	B	C
A	T	D	H	R	I	M	C	T	E	D	B	W	C	D	R	Z	S	P
L	V	C	R	A	B	P	H	R	A	M	Z	H	W	O	A	E	K	C
H	W	Z	U	F	M	I	K	V	K	M	E	A	O	S	Q	M	V	Z
C	L	Z	N	E	E	K	L	C	P	W	E	I	V	R	E	T	N	I
S	P	L	G	Y	L	V	E	H	R	A	Q	X	B	B	R	R	X	L
Z	T	C	X	F	S	E	B	H	Q	N	U	K	L	A	C	S	B	W
T	D	V	M	D	V	I	E	Z	D	G	F	N	K	B	L	X	S	M
A	H	A	Z	W	R	B	N	X	L	E	Z	N	I	E	P	L	R	D
S	D	W	J	L	D	Y	A	O	B	U	W	F	K	M	P	H	L	G
R	I	T	L	M	B	O	K	Z	A	L	D	H	N	E	N	H	E	D
E	O	P	S	O	E	H	E	N	Z	O	D	K	U	R	K	T	S	X

13

SIEGEREHRUNG
GEWINNER
FRISCHKLEBEN
INTERVIEW
BALL

DEHNEN
EINZEL
STRAFE
BUNDESLIGA
ERSATZSCHLAEGER

Lösung

B K Q D V F F F D Q M L O A R O Q X H
S X U K O L G Y W P M J B Z T R A N O
R Z R Z X V F G L E K T V S Q E F X C
B Z E W T H I Q J S S G Q E W C F A C
L N W G C K K C N H S D B P I Y P G A
M J Y J X Z A E O S J D H A S V P I K
K M X S K D H B G I H B X D N G T L G
F Q F I G H L A H E Z Y P T O C Q S U
W A Q E U H G E X S W N N S N P V E H
R W C G F N R F A S O I N K Y O Y D X
E Z S E K L M R I U F B N Q R F K N C
G H B R S A V I I R X I E N J B V U P
E D U E T L J S H Y M D P M E O Z B C
A T D H R I M C T E D B W C D R Z S P
L V C R A B P H R A M Z H W O A E K C
H W Z U F M I K V K M E A O S Q M V Z
C L Z N E E K L C P W E I V R E T N I
S P L G Y L V E H R A Q X B B R R X L
Z T C X F S E B H Q N U K L A C S B W
T D V M D V I E Z D G F N K B L X S M
A H A Z W R B N X L E Z N I E P L R D
S D W J L D Y A O B U W F K M P H L G
R I T L M B O K Z A L D H N E N H E D
E O P S O E H E N Z O D K U R K T S X

F	K	U	T	G	O	X	W	J	X	Y	M	M	R	I	G	O	R	S
T	I	U	A	N	F	G	O	Z	N	X	M	H	G	T	H	D	P	A
E	G	D	X	X	B	X	B	W	S	Q	I	G	I	N	C	O	A	N
B	J	I	R	V	U	X	H	T	N	S	B	X	Y	Y	T	Q	O	C
D	H	O	L	A	G	R	F	D	P	O	N	M	D	U	G	U	W	Y
D	B	X	A	D	L	T	P	Z	Q	O	C	U	J	U	N	X	T	A
H	T	E	V	S	J	L	T	V	R	I	F	U	V	Y	I	Z	T	T
I	I	V	U	Z	C	R	U	E	C	K	H	A	N	D	K	L	I	X
G	T	F	X	J	L	K	F	M	X	K	O	I	K	D	E	O	N	K
C	J	O	H	W	D	R	Q	R	B	R	Q	H	Q	N	C	H	H	H
L	U	F	U	E	L	S	Y	Q	D	S	O	X	N	H	I	G	C	E
R	B	N	Y	M	O	F	P	U	B	S	T	I	A	Y	V	A	S	K
Z	E	P	K	N	Q	E	O	V	M	U	W	N	G	R	R	L	R	C
B	I	J	N	E	U	X	G	P	R	E	D	J	E	N	E	H	E	A
R	U	L	A	M	G	U	E	N	G	T	Q	G	U	Z	S	C	T	V
E	O	U	T	F	I	T	I	Z	U	E	E	O	P	S	D	S	N	Y
Q	J	Q	X	Y	V	E	T	C	S	A	W	F	P	F	D	I	U	K
O	H	W	O	W	R	A	H	D	L	M	X	O	E	G	Y	S	X	E
H	M	K	S	T	S	U	N	H	L	G	I	G	B	O	S	U	U	Q
X	S	N	I	P	L	D	C	O	S	N	T	E	A	Y	P	V	F	G
U	Z	S	Z	M	V	S	A	N	N	G	N	T	X	C	H	K	S	Y
T	C	L	W	W	F	D	S	W	U	K	X	X	H	Z	R	G	V	X
H	W	R	C	U	R	P	P	W	K	K	Q	R	N	M	U	U	L	A
D	A	B	A	O	J	Z	K	L	F	O	J	N	H	I	N	X	V	K

14

DRALL
UNTERSCHNITT
HANDTUCH
AUFSCHLAEGER
OUTFIT

SATZGEWINN
RUECKHAND
SERVICEKING
TURNIERTISCH
SCHLAGHOLZ

Lösung

F K U T G O X W J X Y M M R I G O R S
T I U A N F G O Z N X M H G T H D P A
E G D X X B X B W S Q I G I N C O A N
B J I R V U X H T N S B X Y Y T Q O C
D H O L A G R F D P O N M D U G U W Y
D B X A D L T P Z Q O C U J U N X T A
H T E V S J L T V R I F U V Y I Z T T
I I V U Z C R U E C K H A N D K L I X
G T F X J L K F M X K O I K D E O N K
C J O H W D R Q R B R Q H Q N C H H H
L U F U E L S Y Q D S O X N H I G C E
R B N Y M O F P U B S T I A Y V A S K
Z E P K N Q E O V M U W N G R R L R C
B I J N E U X G P R E D J E N E H E A
R U L A M G U E N G T Q G U Z S C T V
E O U T F I T I Z U E E O P S D S N Y
Q J Q X Y V E T C S A W F P F D I U K
O H W O W R A H D L M X O E G Y S X E
H M K S T S U N H L G I G B O S U U Q
X S N I P L D C O S N T E A Y P V F G
U Z S Z M V S A N N G N T X C H K S Y
T C L W W F D S W U K X X H Z R G V X
H W R C U R P P W K K Q R N M U U L A
D A B A O J Z K L F O J N H I N X V K

Z	K	C	X	Z	P	D	T	K	Y	G	Z	X	S	H	E	X	B	Z
T	H	C	S	N	U	W	K	C	E	U	L	G	T	O	S	P	I	N
D	W	J	S	G	V	U	W	M	Y	T	S	X	J	D	X	V	C	Z
E	I	Z	I	Q	N	F	S	C	C	K	B	Y	Q	G	D	X	J	L
G	F	U	E	O	C	U	L	B	M	F	T	A	F	M	P	Z	H	B
V	R	Y	P	P	H	A	S	C	H	N	E	L	L	K	R	A	F	T
B	E	Z	I	R	K	S	K	L	A	S	S	E	O	R	I	Z	V	R
L	D	J	K	N	K	Z	W	J	U	B	N	G	G	W	Y	F	Q	Y
R	Y	S	A	P	D	O	M	P	F	Q	D	P	W	U	Z	G	A	P
H	A	X	S	B	Y	Q	A	P	R	G	V	A	K	L	E	R	H	A
N	N	V	X	B	G	H	P	T	Z	N	U	N	R	W	M	E	C	N
U	I	I	V	C	K	Z	D	M	U	U	E	S	A	K	Q	Q	Z	A
E	Q	T	E	G	M	K	Q	H	S	N	B	Q	F	B	Y	M	H	S
X	F	H	V	R	M	A	L	W	I	R	J	B	T	A	M	P	V	I
P	I	P	A	X	E	O	G	W	E	A	G	T	R	L	N	W	L	Z
C	A	B	B	E	C	V	G	E	G	W	D	Y	A	W	J	Q	L	K
G	W	H	S	J	H	U	U	E	E	R	V	D	U	C	O	T	N	Z
R	W	L	T	K	G	Y	F	Q	S	E	A	M	M	F	K	T	K	F
E	P	H	I	P	S	N	Z	B	W	V	V	A	P	A	R	I	X	Z
L	I	N	E	R	P	L	J	F	I	I	C	S	N	F	L	N	N	I
Y	U	U	G	C	Z	T	K	W	L	E	R	N	N	P	X	I	U	C
U	P	P	R	Y	K	M	B	X	L	D	Y	A	B	B	I	Y	E	I
I	P	O	A	O	D	N	F	O	E	R	C	P	N	O	A	T	R	G
K	I	L	F	W	W	R	X	O	B	X	K	M	E	W	Q	D	N	L

15

VEREIN
TOSPIN
GLUECKWUNSCH
SCHNELLKRAFT
SIEGESWILLE

ABSTIEG
VERWARNUNG
BEZIRKSKLASSE
DTTB
KRAFTRAUM

Lösung

Z	K	C	X	Z	P	D	T	K	Y	G	Z	X	S	H	E	X	B	Z
T	H	C	S	N	U	W	K	C	E	U	L	G	T	O	S	P	I	N
D	W	J	S	G	V	U	W	M	Y	T	S	X	J	D	X	V	C	Z
E	I	Z	I	Q	N	F	S	C	C	K	B	Y	Q	G	D	X	J	L
G	F	U	E	O	C	U	L	B	M	F	T	A	F	M	P	Z	H	B
V	R	Y	P	P	H	A	S	C	H	N	E	L	L	K	R	A	F	T
B	E	Z	I	R	K	S	K	L	A	S	S	E	O	R	I	Z	V	R
L	D	J	K	N	K	Z	W	J	U	B	N	G	G	W	Y	F	Q	Y
R	Y	S	A	P	D	O	M	P	F	Q	D	P	W	U	Z	G	A	P
H	A	X	S	B	Y	Q	A	P	R	G	V	A	K	L	E	R	H	A
N	N	V	X	B	G	H	P	T	Z	N	U	N	R	W	M	E	C	N
U	I	I	V	C	K	Z	D	M	U	U	E	S	A	K	Q	Q	Z	A
E	Q	T	E	G	M	K	Q	H	S	N	B	Q	F	B	Y	M	H	S
X	F	H	V	R	M	A	L	W	I	R	J	B	T	A	M	P	V	I
P	I	P	A	X	E	O	G	W	E	A	G	T	R	L	N	W	L	Z
C	A	B	B	E	C	V	G	E	G	W	D	Y	A	W	J	Q	L	K
G	W	H	S	J	H	U	U	E	E	R	V	D	U	C	O	T	N	Z
R	W	L	T	K	G	Y	F	Q	S	E	A	M	M	F	K	T	K	F
E	P	H	I	P	S	N	Z	B	W	V	V	A	P	A	R	I	X	Z
L	I	N	E	R	P	L	J	F	I	I	C	S	N	F	L	N	N	I
Y	U	U	G	C	Z	T	K	W	L	E	R	N	N	P	X	I	U	C
U	P	P	R	Y	K	M	B	X	L	D	Y	A	B	B	I	Y	E	I
I	P	O	A	O	D	N	F	O	E	R	C	P	N	O	A	T	R	G
K	I	L	F	W	W	R	X	O	B	X	K	M	E	W	Q	D	N	L

G D I A N S D R W U H R H P R I N Z F
B R O N P J B Q J K B W C S P X M M G
F H D A S Z V M Q H H E C F Y X K N G
O S D O I N X W L M J L S K C J I L O
V K R S M I C A R I R M J N V N B S R
Z O L R P E Q S B U M Q P M I B I E J
C E X Q H D R G D H R G I A H Y L P W
I D U C N H M J S L G G R O F L G N S
A N S C H N E I D E N T X M A F X L E
H V Q D F T X C N C S N L H P O G E E
U C W K N Q S J R S X W T N A C K P Z
H C N H F O E F E Y M R E N Z V Y P Y
Z K E K P X G N V T O A Y A Y G C O N
O E A T E X T H H P V J C Y Q N D D L
V S E M E I G K S I W V G R I Q B F R
Z N L N F O Z X E O P H W P Y S B N Y
J P J Y Q Q C L W Q R R S L M M Q P T
S R C J F P A Q X W V P U S H K F W R
B D E M C P Y Z V H O S A I R W O I T
Z D K P S Y R Q R T G X W F J V U G O
S L A B W A K S X Q N L X O Z T N A K
G A L E B R E G E A L H C S Z H P W I
M A F E U B F L K L L R H T L I U H R
E J D O N R E T U R N O U T D O O R T

16

FITNESSTRAINING
SPIN
RETURN
SCHLAEGERBELAG
TOPSPIN

SPORTHALLE
OUTDOOR
TRIKOT
ANSCHNEIDEN
DOPPEL

Lösung

G	D	I	A	N	S	D	R	W	U	H	R	H	P	R	I	N	Z	F
B	R	O	N	P	J	B	Q	J	K	B	W	C	S	P	X	M	M	G
F	H	D	A	S	Z	V	M	Q	H	H	E	C	F	Y	X	K	N	G
O	S	D	O	I	N	X	W	L	M	J	L	S	K	C	J	I	L	O
V	K	R	S	M	I	C	A	R	I	R	M	J	N	V	N	B	S	R
Z	O	L	R	P	E	Q	S	B	U	M	Q	P	M	I	B	I	E	J
C	E	X	Q	H	D	R	G	D	H	R	G	I	A	H	Y	L	P	W
I	D	U	C	N	H	M	J	S	L	G	G	R	O	F	L	G	N	S
A	N	S	C	H	N	E	I	D	E	N	T	X	M	A	F	X	L	E
H	V	Q	D	F	T	X	C	N	C	S	N	L	H	P	O	G	E	E
U	C	W	K	N	Q	S	J	R	S	X	W	T	N	A	C	K	P	Z
H	C	N	H	F	O	E	F	E	Y	M	R	E	N	Z	V	Y	P	Y
Z	K	E	K	P	X	G	N	V	T	O	A	Y	A	Y	G	C	O	N
O	E	A	T	E	X	T	H	H	P	V	J	C	Y	Q	N	D	D	L
V	S	E	M	E	I	G	K	S	I	W	V	G	R	I	Q	B	F	R
Z	N	L	N	F	O	Z	X	E	O	P	H	W	P	Y	S	B	N	Y
J	P	J	Y	Q	Q	C	L	W	Q	R	R	S	L	M	M	Q	P	T
S	R	C	J	F	P	A	Q	X	W	V	P	U	S	H	K	F	W	R
B	D	E	M	C	P	Y	Z	V	H	O	S	A	I	R	W	O	I	T
Z	D	K	P	S	Y	R	Q	R	T	G	X	W	F	J	V	U	G	O
S	L	A	B	W	A	K	S	X	Q	N	L	X	O	Z	T	N	A	K
G	A	L	E	B	R	E	G	E	A	L	H	C	S	Z	H	P	W	I
M	A	F	E	U	B	F	L	K	L	L	R	H	T	L	I	U	H	R
E	J	D	O	N	R	E	T	U	R	N	O	U	T	D	O	O	R	T

H	X	Z	U	M	B	Q	F	E	K	H	V	O	S	O	Y	X	S	I
M	Z	H	A	Z	N	K	F	T	Z	T	Q	F	S	E	J	K	K	D
R	S	U	Q	D	W	L	D	V	A	T	R	S	O	I	W	O	P	J
A	Y	U	A	Z	I	P	T	U	W	V	Y	E	E	P	C	U	T	A
R	W	F	S	A	F	Z	F	M	H	H	V	R	M	C	M	W	Y	U
A	S	F	Z	K	A	S	Z	A	C	G	S	D	F	I	D	Q	B	P
U	S	H	E	D	C	R	S	I	U	G	H	N	Z	T	X	X	R	X
Z	K	V	I	H	P	Q	V	P	R	Z	T	F	G	O	N	D	Y	F
V	G	X	L	J	T	A	Y	X	B	U	V	J	A	P	P	X	D	G
V	B	A	H	N	V	A	R	A	B	G	U	J	P	S	V	I	G	U
I	G	O	Q	I	W	E	E	T	A	C	U	H	F	P	T	S	D	T
N	A	X	O	E	A	M	H	S	N	U	D	I	K	I	P	M	H	U
V	R	V	U	N	K	F	I	C	K	E	N	M	M	N	Z	Y	V	K
R	Q	H	Y	O	Y	B	H	R	S	H	R	L	X	S	E	G	P	D
H	D	M	H	I	U	M	Y	P	X	A	A	L	F	P	E	S	V	S
M	U	I	W	T	E	Q	D	C	K	L	L	Y	E	I	Z	E	E	C
K	W	T	U	A	X	Q	A	T	S	C	D	F	I	E	J	I	T	X
H	J	T	B	V	D	Q	G	Y	P	M	A	G	K	L	G	U	E	L
L	O	I	E	I	H	H	T	K	U	L	M	W	O	N	S	O	E	B
T	D	N	D	T	X	J	N	K	X	R	E	W	D	B	I	G	F	P
I	S	H	G	O	L	Y	Z	X	B	C	N	T	T	D	D	R	C	B
S	U	C	U	M	G	F	U	I	V	H	X	A	U	W	E	G	T	J
C	F	S	Z	T	Z	X	I	H	Q	C	J	B	W	O	F	B	J	H
H	R	I	N	F	B	X	N	P	X	I	H	O	F	Y	L	J	H	K

17

MOTIVATION
SCHNITT
DAMEN
TRINKFLASCHE
ZUG

ABBRUCH
TOPSPINSPIEL
TISCH
AUFSCHLAG
PARTNER

Lösung

H	X	Z	U	M	B	Q	F	E	K	H	V	O	S	O	Y	X	S	I
M	Z	H	A	Z	N	K	F	T	Z	T	Q	F	S	E	J	K	K	D
R	S	U	Q	D	W	L	D	V	A	T	R	S	O	I	W	O	P	J
A	Y	U	A	Z	I	P	T	U	W	V	Y	E	E	P	C	U	T	A
R	W	F	S	A	F	Z	F	M	H	H	V	R	M	C	M	W	Y	U
A	S	F	Z	K	A	S	Z	A	C	G	S	D	F	I	D	Q	B	P
U	S	H	E	D	C	R	S	I	U	G	H	N	Z	T	X	X	R	X
Z	K	V	I	H	P	Q	V	P	R	Z	T	F	G	O	N	D	Y	F
V	G	X	L	J	T	A	Y	X	B	U	V	J	A	P	P	X	D	G
V	B	A	H	N	V	A	R	A	B	G	U	J	P	S	V	I	G	U
I	G	O	Q	I	W	E	E	T	A	C	U	H	F	P	T	S	D	T
N	A	X	O	E	A	M	H	S	N	U	D	I	K	I	P	M	H	U
V	R	V	U	N	K	F	I	C	K	E	N	M	M	N	Z	Y	V	K
R	Q	H	Y	O	Y	B	H	R	S	H	R	L	X	S	E	G	P	D
H	D	M	H	I	U	M	Y	P	X	A	A	L	F	P	E	S	V	S
M	U	I	W	T	E	Q	D	C	K	L	L	Y	E	I	Z	E	E	C
K	W	T	U	A	X	Q	A	T	S	C	D	F	I	E	J	I	T	X
H	J	T	B	V	D	Q	G	Y	P	M	A	G	K	L	G	U	E	L
L	O	I	E	I	H	H	T	K	U	L	M	W	O	N	S	O	E	B
T	D	N	D	T	X	J	N	K	X	R	E	W	D	B	I	G	F	P
I	S	H	G	O	L	Y	Z	X	B	C	N	T	T	D	D	R	C	B
S	U	C	U	M	G	F	U	I	V	H	X	A	U	W	E	G	T	J
C	F	S	Z	T	Z	X	I	H	Q	C	J	B	W	O	F	B	J	H
H	R	I	N	F	B	X	N	P	X	I	H	O	F	Y	L	J	H	K

T E B X T W J P H L T O P S P I E L L
M Q U B S T M A T C H B A L L T Q V W
S A J W B L M M R C X N A Y D F V Q N
M O D Y B N S C X G N B G U D Z A K R
O Q D U C G K C A E Y X I T Z W O T R
P K F R V L Z B P B N V L E J L L U L
O Y Z A X W A P U K H D S D T P I I C
F F H E H J O S G H P X K C N K Z A Y
C M O I X N E P N O W O R L N G W V M
S R N Y O X T I U D M D I F V W C Z Q
H Y M H O H X E T W I O Z S L B B R M
A W S M T G F L I K S O E Y C A Y B S
K Y Y Q T L I B E R Z K B J E L P U A
E H R D O P P E L S P E Z I A L I S T
H L B O G A G G R Y N Z L O L R Y G V
A B V E K B E I E R J E U E E O P X J
N K R S A E E N I Z X N K V Q B L Y A
D Y E W U C Q N N C Z Z N O P O C M E
G G L V S H V S R W T O E V G T S J X
R V N H B Z D C U I X A F I S E Z B D
I D H A U P L M T E J S T M K R K M C
F R U G H M J W L M A Y A R F G Q I G
F Q Q E E K N P A F V P A L B L X C Q
B X J O N H B F M T E O I Q R I Y A E

18

SPIELBEGINN
BEZIRKSLIGA
MATCHBALL
DOPPELSPEZIALIST
AUSBUHEN
NOPPEN
SHAKEHANDGRIFF
TURNIERLEITUNG
TOPSPIEL
BALLROBOTER

Lösung

T	E	B	X	T	W	J	P	H	L	T	O	P	S	P	I	E	L	L
M	Q	U	B	S	T	M	A	T	C	H	B	A	L	L	T	Q	V	W
S	A	J	W	B	L	M	M	R	C	X	N	A	Y	D	F	V	Q	N
M	O	D	Y	B	N	S	C	X	G	N	B	G	U	D	Z	A	K	R
O	Q	D	U	C	G	K	C	A	E	Y	X	I	T	Z	W	O	T	R
P	K	F	R	V	L	Z	B	P	B	N	V	L	E	J	L	L	U	L
O	Y	Z	A	X	W	A	P	U	K	H	D	S	D	T	P	I	I	C
F	F	H	E	H	J	O	S	G	H	P	X	K	C	N	K	Z	A	Y
C	M	O	I	X	N	E	P	N	O	W	O	R	L	N	G	W	V	M
S	R	N	Y	O	X	T	I	U	D	M	D	I	F	V	W	C	Z	Q
H	Y	M	H	O	H	X	E	T	W	I	O	Z	S	L	B	B	R	M
A	W	S	M	T	G	F	L	I	K	S	O	E	Y	C	A	Y	B	S
K	Y	Y	Q	T	L	I	B	E	R	Z	K	B	J	E	L	P	U	A
E	H	R	D	O	P	P	E	L	S	P	E	Z	I	A	L	I	S	T
H	L	B	O	G	A	G	G	R	Y	N	Z	L	O	L	R	Y	G	V
A	B	V	E	K	B	E	I	E	R	J	E	U	E	E	O	P	X	J
N	K	R	S	A	E	E	N	I	Z	X	N	K	V	Q	B	L	Y	A
D	Y	E	W	U	C	Q	N	N	C	Z	Z	N	O	P	O	C	M	E
G	G	L	V	S	H	V	S	R	W	T	O	E	V	G	T	S	J	X
R	V	N	H	B	Z	D	C	U	I	X	A	F	I	S	E	Z	B	D
I	D	H	A	U	P	L	M	T	E	J	S	T	M	K	R	K	M	C
F	R	U	G	H	M	J	W	L	M	A	Y	A	R	F	G	Q	I	G
F	Q	Q	E	E	K	N	P	A	F	V	P	A	L	B	L	X	C	Q
B	X	J	O	N	H	B	F	M	T	E	O	I	Q	R	I	Y	A	E

DAS

BADMINTON

WORTSUCHRÄTSEL BUCH

G	R	R	N	O	L	T	K	N	M	Z	Y	L	R	K	L	Q	F	B
A	A	J	L	U	E	V	E	V	K	Z	N	B	I	Q	E	W	R	F
L	E	J	B	K	B	P	L	T	N	I	T	F	J	V	Q	C	F	V
H	L	W	Z	C	F	H	Q	F	V	W	T	L	Q	U	U	D	F	S
C	C	T	U	F	O	S	B	Q	D	H	F	S	G	A	F	B	H	P
S	S	O	X	C	A	E	F	L	M	I	M	U	A	B	N	P	V	I
V	F	K	A	R	F	K	O	H	I	F	N	R	J	N	O	X	I	E
I	F	I	L	L	Y	B	H	J	N	P	R	L	G	V	M	P	U	L
S	I	R	S	E	A	Y	W	N	E	J	O	U	M	Z	U	Y	F	Z
N	R	T	P	R	O	R	O	U	P	V	Y	W	C	R	K	T	G	E
E	G	E	Q	N	W	H	O	Q	D	F	F	R	J	E	N	N	H	I
F	N	D	N	A	U	S	T	R	A	G	U	N	G	S	O	R	T	T
E	A	N	F	A	E	N	G	E	R	F	E	H	L	E	R	G	U	J
D	T	O	R	Z	C	N	M	X	X	E	Z	A	F	O	J	X	R	X
W	G	U	X	G	M	C	W	C	Z	X	O	Y	W	L	U	F	I	R
K	N	I	D	X	W	A	J	U	H	V	P	J	B	D	M	M	V	U
T	L	F	T	S	P	F	A	L	N	X	J	Z	A	C	P	G	Y	I
Y	A	M	M	T	D	G	D	P	S	F	S	O	H	I	S	S	L	J
D	N	A	T	S	L	E	I	P	S	Y	O	Y	D	E	M	I	K	L
V	K	F	D	T	Z	I	B	N	Z	E	U	R	P	W	A	O	H	R
C	B	Z	J	J	H	N	O	P	U	L	U	G	C	J	S	W	L	P
F	W	A	X	A	L	X	L	T	D	R	B	Y	X	E	H	N	O	E
Z	A	Z	V	Z	J	R	C	I	J	Q	L	S	G	M	D	J	N	Y
F	O	D	X	R	F	S	T	A	Z	K	F	P	I	M	D	Z	T	Z

1

SPIELSTAND
SPIELZEIT
ANFAENGERFEHLER
JUMPSMASH
DEFENSIVSCHLAG

TRIKOT
UNFORCED ERROR
AUSTRAGUNGSORT
GYMNASTIK
ANGRIFFSCLEAR

Lösung

G	R	R	N	O	L	T	K	N	M	Z	Y	L	R	K	L	Q	F	B
A	A	J	L	U	E	V	E	V	K	Z	N	B	I	Q	E	W	R	F
L	E	J	B	K	B	P	L	T	N	I	T	F	J	V	Q	C	F	V
H	L	W	Z	C	F	H	Q	F	V	W	T	L	Q	U	U	D	F	S
C	C	T	U	F	O	S	B	Q	D	H	F	S	G	A	F	B	H	P
S	S	O	X	C	A	E	F	L	M	I	M	U	A	B	N	P	V	I
V	F	K	A	R	F	K	O	H	I	F	N	R	J	N	O	X	I	E
I	F	I	L	L	Y	B	H	J	N	P	R	L	G	V	M	P	U	L
S	I	R	S	E	A	Y	W	N	E	J	O	U	M	Z	U	Y	F	Z
N	R	T	P	R	O	R	O	U	P	V	Y	W	C	R	K	T	G	E
E	G	E	Q	N	W	H	O	Q	D	F	F	R	J	E	N	N	H	I
F	N	D	N	A	U	S	T	R	A	G	U	N	G	S	O	R	T	T
E	A	N	F	A	E	N	G	E	R	F	E	H	L	E	R	G	U	J
D	T	O	R	Z	C	N	M	X	X	E	Z	A	F	O	J	X	R	X
W	G	U	X	G	M	C	W	C	Z	X	O	Y	W	L	U	F	I	R
K	N	I	D	X	W	A	J	U	H	V	P	J	B	D	M	M	V	U
T	L	F	T	S	P	F	A	L	N	X	J	Z	A	C	P	G	Y	I
Y	A	M	M	T	D	G	D	P	S	F	S	O	H	I	S	S	L	J
D	N	A	T	S	L	E	I	P	S	Y	O	Y	D	E	M	I	K	L
V	K	F	D	T	Z	I	B	N	Z	E	U	R	P	W	A	O	H	R
C	B	Z	J	J	H	N	O	P	U	L	U	G	C	J	S	W	L	P
F	W	A	X	A	L	X	L	T	D	R	B	Y	X	E	H	N	O	E
Z	A	Z	V	Z	J	R	C	I	J	Q	L	S	G	M	D	J	N	Y
F	O	D	X	R	F	S	T	A	Z	K	F	P	I	M	D	Z	T	Z

A C A Z N M O K F X G V N P C T T E Z
M L Z L X D M Z X L S T L U Z Y E T R
I U H O O N Z X X M U U L I O D N G T
P D A Z K V D R Z U B D F C L U W G E
P K X P K Q V Z A L X D V L S B A E T
G Y K O F U K K L B F N D W L J J D T
N S Z B W D K M T N C J H V Q Y B I I
U H G L I T U V X D X A U T A S Y O R
T G H M I C K G W B P A J A G K T Q H
S Z B D O A P P L A U S C D U I P Q C
E Q N X F K O T T L T Y R Q G A D A S
U R D U S Q Q M V E R L E T Z U N G L
R R P T C L B Y V V P S Z M E N B Q L
S K D M Q A Z K N B F F Q Q Y Q G M E
U B G N P U P P S Y T A U L O W N F T
A B B Q A L I H F D O T X S W L U E S
S E C I B T F Q C C E R K N U L R X H
M P H O K U S S W T T K G C Y M H R C
Z F F I R G N E T T E Z N I P S E D A
Y E X B G F Z L T J N X T K O L A F N
E H C A R P S N A K R A B F W P N L N
B T Z B A H J F S D N P U O L E R X A
K W A Q T J V Q V J O U R N L V E E L
N O N O I T A V I T O M P O C H T R M

2

ANSPRACHE
TOETEN
APPLAUS
ERNAEHRUNG
PINZETTENGRIFF

MOTIVATION
AUSRUESTUNG
PUNKTESTAND
VERLETZUNG
NACHSTELLSCHRITTE

Lösung

A	C	A	Z	N	M	O	K	F	X	G	V	N	P	C	T	T	E	Z
M	L	Z	L	X	D	M	Z	X	L	S	T	L	U	Z	Y	E	T	R
I	U	H	O	O	N	Z	X	X	M	U	U	L	I	O	D	N	G	T
P	D	A	Z	K	V	D	R	Z	U	B	D	F	C	L	U	W	G	E
P	K	X	P	K	Q	V	Z	A	L	X	D	V	L	S	B	A	E	T
G	Y	K	O	F	U	K	K	L	B	F	N	D	W	L	J	J	D	T
N	S	Z	B	W	D	K	M	T	N	C	J	H	V	Q	Y	B	I	I
U	H	G	L	I	T	U	V	X	D	X	A	U	T	A	S	Y	O	R
T	G	H	M	I	C	K	G	W	B	P	A	J	A	G	K	T	Q	H
S	Z	B	D	O	A	P	P	L	A	U	S	C	D	U	I	P	Q	C
E	Q	N	X	F	K	O	T	T	L	T	Y	R	Q	G	A	D	A	S
U	R	D	U	S	Q	Q	M	V	E	R	L	E	T	Z	U	N	G	L
R	R	P	T	C	L	B	Y	V	V	P	S	Z	M	E	N	B	Q	L
S	K	D	M	Q	A	Z	K	N	B	F	F	Q	Q	Y	Q	G	M	E
U	B	G	N	P	U	P	P	S	Y	T	A	U	L	O	W	N	F	T
A	B	B	Q	A	L	I	H	F	D	O	T	X	S	W	L	U	E	S
S	E	C	I	B	T	F	Q	C	C	E	R	K	N	U	L	R	X	H
M	P	H	O	K	U	S	S	W	T	T	K	G	C	Y	M	H	R	C
Z	F	F	I	R	G	N	E	T	T	E	Z	N	I	P	S	E	D	A
Y	E	X	B	G	F	Z	L	T	J	N	X	T	K	O	L	A	F	N
E	H	C	A	R	P	S	N	A	K	R	A	B	F	W	P	N	L	N
B	T	Z	B	A	H	J	F	S	D	N	P	U	O	L	E	R	X	A
K	W	A	Q	T	J	V	Q	V	J	O	U	R	N	L	V	E	E	L
N	O	N	O	I	T	A	V	I	T	O	M	P	O	C	H	T	R	M

J	Z	C	L	I	O	V	O	A	L	Z	M	Z	K	Z	I	U	P	N
G	D	T	F	E	H	L	E	R	A	U	F	S	T	I	E	G	C	A
V	Q	H	J	S	K	W	C	G	L	H	Y	H	K	C	A	B	A	P
R	P	Z	D	A	M	E	N	Y	Y	N	S	Y	X	C	F	D	T	G
W	Y	D	O	J	M	M	I	X	E	D	T	I	X	F	Q	E	E	Y
N	O	W	D	C	W	K	U	L	V	K	Y	Z	Z	D	U	U	C	D
G	T	O	P	S	C	H	L	A	G	Q	O	P	Q	M	O	H	E	Q
D	X	O	T	N	B	S	N	H	N	D	I	Q	L	Q	U	N	D	P
M	T	D	X	R	L	D	U	I	C	A	W	B	M	O	U	G	P	T
Y	P	G	H	A	A	U	S	F	A	L	L	S	C	H	R	I	T	T
I	Q	J	J	X	J	O	J	V	Y	P	X	Q	Z	A	Y	X	D	M
K	F	W	B	R	X	E	L	T	G	E	W	I	N	N	E	R	O	W
W	P	K	T	P	L	D	L	X	O	B	L	J	S	L	I	S	V	Y
S	C	S	A	Q	E	S	P	I	E	L	B	E	G	I	N	N	D	A
E	O	U	U	I	A	Q	X	M	K	X	T	L	B	N	Z	T	C	Z
Q	Z	F	K	X	A	A	X	Q	E	J	E	W	E	Z	G	R	Y	L
B	J	H	K	W	Q	C	J	E	U	S	P	O	L	B	Q	M	E	P
Z	Y	O	M	I	L	W	O	W	J	B	T	Q	O	S	B	Z	I	Q
F	Z	O	A	H	E	G	J	D	Z	U	N	S	G	L	N	Y	G	V
A	R	C	A	S	J	W	R	X	P	A	P	I	Y	I	T	P	J	N
U	Z	H	G	S	C	Y	F	W	Q	M	F	G	E	B	O	V	H	I
K	P	J	Q	T	C	L	W	F	D	Q	B	P	O	T	V	S	C	L
U	E	B	U	N	G	E	N	Z	R	A	W	G	S	V	M	S	Y	H
L	I	I	Y	X	B	O	Q	G	K	E	Q	R	F	V	J	E	S	Y

3

UEBUNGEN
GEWINNER
STOP
SPIELBEGINN
MIXED

TOPSCHLAG
FEHLER
AUSFALLSCHRITT
AUFSTIEG
DAMEN EINZEL

Lösung

J Z C L I O V O A L Z M Z K Z I U P N
G D T F E H L E R A U F S T I E G C A
V Q H J S K W C G L H Y H K C A B A P
R P Z D A M E N Y Y N S Y X C F D T G
W Y D O J M M I X E D T I X F Q E E Y
N O W D C W K U L V K Y Z Z D U U C D
G T O P S C H L A G Q O P Q M O H E Q
D X O T N B S N H N D I Q L Q U N D P
M T D X R L D U I C A W B M O U G P T
Y P G H A A U S F A L L S C H R I T T
I Q J J X J O J V Y P X Q Z A Y X D M
K F W B R X E L T G E W I N N E R O W
W P K T P L D L X O B L J S L I S V Y
S C S A Q E S P I E L B E G I N N D A
E O U U I A Q X M K X T L B N Z T C Z
Q Z F K X A A X Q E J E W E Z G R Y L
B J H K W Q C J E U S P O L B Q M E P
Z Y O M I L W O W J B T Q O S B Z I Q
F Z O A H E G J D Z U N S G L N Y G V
A R C A S J W R X P A P I Y I T P J N
U Z H G S C Y F W Q M F G E B O V H I
K P J Q T C L W F D Q B P O T V S C L
U E B U N G E N Z R A W G S V M S Y H
L I I Y X B O Q G K E Q R F V J E S Y

R	Z	G	F	K	D	F	Y	E	T	D	N	E	X	U	T	R	Q	Z
B	S	G	K	W	R	B	Y	G	E	W	J	L	E	F	S	I	R	X
B	D	R	A	U	M	A	B	D	E	C	K	U	N	G	P	U	X	F
A	O	X	Q	E	T	V	S	L	K	G	Y	U	X	Q	N	H	O	H
H	P	E	G	N	S	P	H	Z	C	N	G	N	I	N	I	A	R	T
W	P	K	D	R	U	S	Q	A	G	W	K	S	D	S	I	T	G	W
G	E	X	N	Y	U	K	P	C	O	T	A	V	M	R	A	B	N	I
N	L	E	J	G	A	L	H	C	S	F	U	A	N	U	O	J	Q	J
I	P	Q	I	N	T	X	L	P	P	H	M	A	E	H	E	K	U	F
N	J	B	O	N	C	Q	G	C	I	K	N	N	M	I	T	F	E	J
I	K	Q	S	P	I	M	Q	S	U	X	M	G	A	Y	I	N	N	R
A	U	P	O	N	I	L	P	W	A	E	F	R	D	L	E	S	Q	E
R	N	N	K	V	A	H	D	Z	A	M	A	I	C	F	S	O	D	K
T	G	N	K	O	I	S	I	N	P	Q	T	F	G	X	D	J	F	E
R	V	Y	B	A	Y	N	F	R	U	W	Y	F	B	U	N	T	N	T
E	D	Q	U	D	A	G	P	S	J	R	C	S	P	Q	A	Z	Z	H
U	N	Y	Q	W	T	C	Z	W	Q	R	G	S	U	K	H	W	T	J
A	J	B	G	H	R	S	L	I	M	O	G	P	S	M	G	D	M	N
D	U	S	E	A	E	O	O	P	G	B	E	I	H	D	A	Z	H	C
S	T	A	Q	T	U	C	K	X	L	R	C	E	Y	Q	L	P	I	F
U	Y	N	P	U	Y	W	A	G	M	K	S	L	U	Y	H	E	I	N
A	R	K	F	P	H	C	D	P	P	G	E	E	T	P	C	D	X	T
N	B	J	U	G	O	M	E	K	C	U	L	R	O	B	S	E	M	H
S	L	T	E	A	I	C	W	H	G	G	M	H	N	W	N	V	Q	C

4

ANGRIFFSSPIELER
PUSH
SWIP AUFSCHLAG
AUSDAUERTRAINING
SCHLAGHANDSEITE

DAMEN DOPPEL
REKORD
GRUNDLINIE
TRAINING
RAUMABDECKUNG

Lösung

R	Z	G	F	K	D	F	Y	E	T	D	N	E	X	U	T	R	Q	Z
B	S	G	K	W	R	B	Y	G	E	W	J	L	E	F	S	I	R	X
B	D	R	A	U	M	A	B	D	E	C	K	U	N	G	P	U	X	F
A	O	X	Q	E	T	V	S	L	K	G	Y	U	X	Q	N	H	O	H
H	P	E	G	N	S	P	H	Z	C	N	G	N	I	N	I	A	R	T
W	P	K	D	R	U	S	Q	A	G	W	K	S	D	S	I	T	G	W
G	E	X	N	Y	U	K	P	C	O	T	A	V	M	R	A	B	N	I
N	L	E	J	G	A	L	H	C	S	F	U	A	N	U	O	J	Q	J
I	P	Q	I	N	T	X	L	P	P	H	M	A	E	H	E	K	U	F
N	J	B	O	N	C	Q	G	C	I	K	N	N	M	I	T	F	E	J
I	K	Q	S	P	I	M	Q	S	U	X	M	G	A	Y	I	N	N	R
A	U	P	O	N	I	L	P	W	A	E	F	R	D	L	E	S	Q	E
R	N	N	K	V	A	H	D	Z	A	M	A	I	C	F	S	O	D	K
T	G	N	K	O	I	S	I	N	P	Q	T	F	G	X	D	J	F	E
R	V	Y	B	A	Y	N	F	R	U	W	Y	F	B	U	N	T	N	T
E	D	Q	U	D	A	G	P	S	J	R	C	S	P	Q	A	Z	Z	H
U	N	Y	Q	W	T	C	Z	W	Q	R	G	S	U	K	H	W	T	J
A	J	B	G	H	R	S	L	I	M	O	G	P	S	M	G	D	M	N
D	U	S	E	A	E	O	O	P	G	B	E	I	H	D	A	Z	H	C
S	T	A	Q	T	U	C	K	X	L	R	C	E	Y	Q	L	P	I	F
U	Y	N	P	U	Y	W	A	G	M	K	S	L	U	Y	H	E	I	N
A	R	K	F	P	H	C	D	P	P	G	E	E	T	P	C	D	X	T
N	B	J	U	G	O	M	E	K	C	U	L	R	O	B	S	E	M	H
S	L	T	E	A	I	C	W	H	G	G	M	H	N	W	N	V	Q	C

Q	F	P	O	H	W	A	U	S	V	W	N	H	L	K	Z	A	G	J
K	T	Q	T	Q	S	W	E	Z	T	X	O	K	O	M	F	L	S	Y
M	T	Y	K	A	W	R	L	M	C	M	O	Y	L	C	S	T	P	B
W	W	I	Y	L	B	U	A	U	S	B	U	H	E	N	F	S	V	P
Z	J	P	D	Z	J	Q	G	O	F	R	Y	E	R	A	K	X	V	D
K	K	E	U	D	A	G	N	E	A	F	S	S	U	B	I	W	F	O
P	F	K	Z	J	Q	L	Z	O	F	J	J	S	Q	H	W	N	U	P
O	U	L	T	P	B	F	E	T	L	B	L	A	P	W	R	N	S	P
W	B	J	S	U	V	R	W	F	N	I	J	K	V	N	B	K	M	E
N	C	F	A	I	X	J	S	M	N	B	Q	V	S	J	I	R	J	L
L	N	P	V	F	J	J	B	I	B	M	O	R	T	W	T	T	W	S
K	F	K	L	K	I	C	E	T	W	N	Z	K	P	K	L	R	K	P
T	X	J	X	Z	H	I	T	S	C	C	D	Y	Z	T	F	I	Y	E
E	G	J	I	G	B	I	V	P	I	I	L	P	D	R	Q	B	Q	Z
H	V	F	T	T	I	R	H	C	S	Z	U	E	R	K	T	U	L	I
W	F	G	J	L	C	F	W	X	J	U	G	X	P	R	U	E	E	A
J	S	C	H	M	I	T	T	D	R	O	P	U	O	I	P	N	I	L
A	A	H	D	H	H	M	X	X	I	F	X	P	O	X	W	E	P	I
M	H	D	M	X	C	C	W	A	R	S	H	O	T	Z	X	S	S	S
T	Y	W	R	E	V	F	U	F	B	A	Q	L	L	L	G	T	T	T
A	B	F	O	M	K	W	P	R	E	X	U	W	Y	N	T	Y	I	X
C	D	U	M	G	X	A	P	E	B	L	T	E	E	J	G	L	E	E
F	C	G	Y	K	F	J	Z	E	R	B	O	M	D	M	O	N	Z	O
X	A	F	F	W	L	L	A	B	N	B	A	L	I	C	O	B	D	I

5

ABBRUCH
SWIP
DOPPELSPEZIALIST
AUSBUHEN
ZEITSPIEL

SCHMITTDROP
AUSLINIE
TROPHAEE
TRIBUENE
KREUZSCHRITT

Lösung

Q F P O H W A U S V W N H L K Z A G J
K T Q T Q S W E Z T X O K O M F L S Y
M T Y K A W R L M C M O Y L C S T P B
W W I Y L B U A U S B U H E N F S V P
Z J P D Z J Q G O F R Y E R A K X V D
K K E U D A G N E A F S S U B I W F O
P F K Z J Q L Z O F J J S Q H W N U P
O U L T P B F E T L B L A P W R N S P
W B J S U V R W F N I J K V N B K M E
N C F A I X J S M N B Q V S J I R J L
L N P V F J J B I B M O R T W T T W S
K F K L K I C E T W N Z K P K L R K P
T X J X Z H I T S C C D Y Z T F I Y E
E G J I G B I V P I I L P D R Q B Q Z
H V F T T I R H C S Z U E R K T U L I
W F G J L C F W X J U G X P R U E E A
J S C H M I T T D R O P U O I P N I L
A A H D H H M X X I F X P O X W E P I
M H D M X C C W A R S H O T Z X S S S
T Y W R E V F U F B A Q L L L G T T T
A B F O M K W P R E X U W Y N T Y I X
C D U M G X A P E B L T E E J G L E E
F C G Y K F J Z E R B O M D M O N Z O
X A F F W L L A B N B A L I C O B D I

Z J E A Y C A Z Z G S A A U T U A D T
G T D U C L T K A B J D T J O V S Y S
L K Y I B A K L W C X E T J V C G V O
G O I K K P H V O J H L U L U L I J M
N U O T S C L L A B H C T A M O F Y O
K B I J S T U H U R I K R T D D Z H U
R K G F A B Z J P D I R Q L M D S N T
D P U A F U W J M W V D I N V A Q W F
T A O U Y N E T Z S P R U N G T V U I
E T P P T A N L L L T J N E V I R D T
C V A U V B T R K U I J H A T O P E F
K X D X D C G I C C U O S Q E R Y E Z
P Q N H H O I L E N I L G N O L X Z N
V E R T E I D I G U N G S C L E A R Q
P P H E O D W X S X A D P Z U L B R G
B F S U M B E A V D P U J X N Q R D A
J E I J E T X R K Y E M F A H U H C L
S S S N Q Z O K Q T Y W V U M P L H H
R L I V W S F O B G J K E O I G F G C
E D F F G A J Q Z Q V R I X B W W J S
I J M O E D K T A K D F C M L C C E F
D Z C Z C R Z F G E O B Q X S U C H U
H C O U R T O Y X H D M T L G K F C A
F R N V X J T Y X K W L O S C V V S R

6

DRIVE AUFSCHLAG
TAKTIK
VERTEIDIGUNGSCLEAR
AUFSCHLAG
HUERDE
OUTFIT
COURT
NETZSPRUNG
MATCHBALL
LONGLINE

Lösung

Z	J	E	A	Y	C	A	Z	Z	G	S	A	A	U	T	U	A	D	T
G	T	D	U	C	L	T	K	A	B	J	D	T	J	O	V	S	Y	S
L	K	Y	I	B	A	K	L	W	C	X	E	T	J	V	C	G	V	O
G	O	I	K	K	P	H	V	O	J	H	L	U	L	U	L	I	J	M
N	U	O	T	S	C	L	L	A	B	H	C	T	A	M	O	F	Y	O
K	B	I	J	S	T	U	H	U	R	I	K	R	T	D	D	Z	H	U
R	K	G	F	A	B	Z	J	P	D	I	R	Q	L	M	D	S	N	T
D	P	U	A	F	U	W	J	M	W	V	D	I	N	V	A	Q	W	F
T	A	O	U	Y	N	E	T	Z	S	P	R	U	N	G	T	V	U	I
E	T	P	P	T	A	N	L	L	L	T	J	N	E	V	I	R	D	T
C	V	A	U	V	B	T	R	K	U	I	J	H	A	T	O	P	E	F
K	X	D	X	D	C	G	I	C	C	U	O	S	Q	E	R	Y	E	Z
P	Q	N	H	H	O	I	L	E	N	I	L	G	N	O	L	X	Z	N
V	E	R	T	E	I	D	I	G	U	N	G	S	C	L	E	A	R	Q
P	P	H	E	O	D	W	X	S	X	A	D	P	Z	U	L	B	R	G
B	F	S	U	M	B	E	A	V	D	P	U	J	X	N	Q	R	D	A
J	E	I	J	E	T	X	R	K	Y	E	M	F	A	H	U	H	C	L
S	S	S	N	Q	Z	O	K	Q	T	Y	W	V	U	M	P	L	H	H
R	L	I	V	W	S	F	O	B	G	J	K	E	O	I	G	F	G	C
E	D	F	F	G	A	J	Q	Z	Q	V	R	I	X	B	W	W	J	S
I	J	M	O	E	D	K	T	A	K	D	F	C	M	L	C	C	E	F
D	Z	C	Z	C	R	Z	F	G	E	O	B	Q	X	S	U	C	H	U
H	C	O	U	R	T	O	Y	X	H	D	M	T	L	G	K	F	C	A
F	R	N	V	X	J	T	Y	X	K	W	L	O	S	C	V	V	S	R

W E D K I E W R T X Y A Y W F S N O E
M I I F Y C O X S B U Z D I O T K B M
Y U H V F E Z O Q E T N I F Z P P O N
E S U A P F P M A K T T E W E U N U R
A H H A L A K R F S T S K F Q P T O T
E J R T J W H G E T E Q I B N W J C R
A J P H T S F L E E Z N R B B O K L A
Z I S G L I I D P S D E E B Z A S Q G
D X B T S B R L J C U S X H K T E O R
D B U L Y E J H G G U N I T D Q S C E
A G Z S Z S M V C N V I D P B R D C G
V N C S A V V D S S K N R H T H R P E
B E L A S T U N G P T A Z M E Y O H A
Z Q U Y R P G N Z R E K K S P I P M L
O J T E Y T K W C M V B A X K X T G H
V K B M G Z N D I O E S M T T J O R C
U E B T A A Z E F V A F J A F G Q L S
H B D S K E R R X O Y Y A D O U W N P
A V B Y A B Z P F A T U U Q Q Z A I D
Q Q H S F X J N Z X F D Q G Q L Y W L
E B N T L A P L N G U L W K T V O O R
T C X L T A J W A O V Y R I G Z O A H
V D G M R M B B H M L L M T S F I F N
A Y L Q M C E Z L W T I W V C N A T W

7

BELASTUNG
AUFTAKTSCHRITT
WETTKAMPFPAUSE
DROP
FINTE
SCHLAEGER
PRAEMIE
HEBER
AUFGABE
GESUNDHEIT

Lösung

W E D K I E W R T X Y A Y W F S N O E

M I I F Y C O X S B U Z D I O T K B M

Y U H V F E Z O Q E T N I F Z P P O N

E S U A P F P M A K T T E W E U N U R

A H H A L A K R F S T S K F Q P T O T

E J R T J W H G E T E Q I B N W J C R

A J P H T S F L E E Z N R B B O K L A

Z I S G L I I D P S D E E B Z A S Q G

D X B T S B R L J C U S X H K T E O R

D B U L Y E J H G G U N I T D Q S C E

A G Z S Z S M V C N V I D P B R D C G

V N C S A V V D S S K N R H T H R P E

B E L A S T U N G P T A Z M E Y O H A

Z Q U Y R P G N Z R E K K S P I P M L

O J T E Y T K W C M V B A X K X T G H

V K B M G Z N D I O E S M T T J O R C

U E B T A A Z E F V A F J A F G Q L S

H B D S K E R R X O Y Y A D O U W N P

A V B Y A B Z P F A T U U Q Q Z A I D

Q Q H S F X J N Z X F D Q G Q L Y W L

E B N T L A P L N G U L W K T V O O R

T C X L T A J W A O V Y R I G Z O A H

V D G M R M B B H M L L M T S F I F N

A Y L Q M C E Z L W T I W V C N A T W

Y B N S M F N R B W L N I Y D R Q P X

A M B J D W S Z U D Z X P V L W A J F

N E C R T V U U B E G Y D R E J J U C

E U T J E H P D O Z V B O N F K X B U

R K O C A T P V D N S I M W L C J X G

R H J L R W Q Z P O T G F K E I C K K

E R S P E V J O K I O O N U I T E G J

H T B O G I R F P T I M Y R P S T X S

M M A V S A E S N I Y H S T S G S H L

T P Z C G V L M H S B Q S C H L A G L

F U E J N I E A Y O K G O X Y M G C E

A K V G I P I S J P E J O H U J U J Z

R A Z Y N S P H F R Z T W B G J A C F

K Z N U I T S A X H Y W S A H R U Y J

L U H A A H V G G E E G W N E O S Z M

L R C K R J I B Y W Q S H N W E W X Z

E T W R T R S S Q B D M A M J A L C K

N G L Z I C N V U A F C Q V C F L D R

H R E C M D E L R N S P V H X F B E A

C E Z A J P F R B H Q Y J M B W B W F

S C N V Y R E Y T D V K Z U A X E Y T

J F I C A F D Z C X Q S A O B V Q W V

R C E E H Z Q C B C D Z V A K J M C O

F C P P M N A U O V U H F C C B A C G

8

TRAININGSGERAET

ARENA

DEFENSIVSPIELER

ABWEHRPOSITION

STICK SMASH

HERREN EINZEL

SCHLAG

SCHNELLKRAFT

KRAFT

SPIELFELD

Lösung

Y B N S M F N R B W L N I Y D R Q P X
A M B J D W S Z U D Z X P V L W A J F
N E C R T V U U B E G Y D R E J J U C
E U T J E H P D O Z V B O N F K X B U
R K O C A T P V D N S I M W L C J X G
R H J L R W Q Z P O T G F K E I C K K
E R S P E V J O K I O O N U I T E G J
H T B O G I R F P T I M Y R P S T X S
M M A V S A E S N I Y H S T S G S H L
T P Z C G V L M H S B Q S C H L A G L
F U E J N I E A Y O K G O X Y M G C E
A K V G I P I S J P E J O H U J U J Z
R A Z Y N S P H F R Z T W B G J A C F
K Z N U I T S A X H Y W S A H R U Y J
L U H A A H V G G E E G W N E O S Z M
L R C K R J I B Y W Q S H N W E W X Z
E T W R T R S S Q B D M A M J A L C K
N G L Z I C N V U A F C Q V C F L D R
H R E C M D E L R N S P V H X F B E A
C E Z A J P F R B H Q Y J M B W B W F
S C N V Y R E Y T D V K Z U A X E Y T
J F I C A F D Z C X Q S A O B V Q W V
R C E E H Z Q C B C D Z V A K J M C O
F C P P M N A U O V U H F C C B A C G

G	C	B	L	V	N	Z	H	E	V	U	V	F	D	T	W	K	L	T
Z	B	N	D	H	O	U	X	L	U	L	O	N	U	J	W	I	S	U
R	Q	X	J	Y	Y	T	P	W	K	C	A	K	T	F	P	R	E	F
N	J	U	N	C	G	X	Z	W	G	H	W	J	C	B	R	R	V	O
T	B	N	V	Y	B	Q	V	H	R	S	S	O	R	C	Z	K	C	T
V	S	A	W	K	N	D	S	O	B	U	N	A	Y	E	N	P	A	W
P	C	H	X	D	O	A	V	P	B	Z	H	Q	N	E	A	U	I	T
N	T	D	T	P	M	C	Q	X	P	N	Y	T	W	E	L	C	J	G
T	K	Q	P	S	M	J	U	Q	I	J	R	E	N	M	P	Y	R	F
B	D	E	I	F	C	M	H	E	I	A	L	N	M	L	L	D	H	V
D	L	E	F	E	V	B	Y	X	L	T	F	P	Z	Y	E	Q	Z	E
D	T	T	W	K	Q	A	R	P	K	W	L	F	P	D	I	F	F	G
T	T	W	S	N	T	M	O	L	P	J	F	T	C	G	P	D	H	U
N	F	O	J	T	Y	S	A	Q	Z	L	J	E	I	M	S	Q	U	Z
I	B	X	I	S	I	S	E	T	H	C	S	I	M	E	G	G	I	O
Y	W	T	V	T	S	B	A	L	A	N	C	E	P	U	N	K	T	R
M	M	H	I	E	H	C	H	M	T	M	B	S	U	N	Z	M	T	F
W	S	O	H	L	H	O	K	L	Y	K	Y	Y	D	F	R	D	Q	C
N	N	K	C	Z	S	Q	S	R	W	U	Y	X	H	C	Q	Y	D	I
C	I	Z	H	Y	A	L	P	R	I	A	F	K	K	G	X	K	U	S
H	O	B	P	I	G	N	U	R	P	S	A	N	I	H	C	B	P	M
T	K	S	O	L	G	R	T	N	B	K	R	I	H	S	T	S	X	R
S	K	W	M	E	M	E	M	Z	N	R	B	E	N	F	N	N	J	Z
J	Z	N	R	B	B	P	J	K	V	V	Z	T	F	K	Q	Q	E	Y

9

FAIRPLAY
ZENTRALPOSITION
SPIELPLAN
GEMISCHTES DOPPEL
CROSS
WELTKLASSE
BALANCEPUNKT
VORHAND SMASH
FELD
CHINASPRUNG

Lösung

G C B L V N Z H E V U V F D T W K L T

Z B N D H O U X L U L O N U J W I S U

R Q X J Y Y T P W K C A K T F P R E F

N J U N C G X Z W G H W J C B R R V O

T B N V Y B Q V H R S S O R C Z K C T

V S A W K N D S O B U N A Y E N P A W

P C H X D O A V P B Z H Q N E A U I T

N T D T P M C Q X P N Y T W E L C J G

T K Q P S M J U Q I J R E N M P Y R F

B D E I F C M H E I A L N M L L D H V

D L E F E V B Y X L T F P Z Y E Q Z E

D T T W K Q A R P K W L F P D I F F G

T T W S N T M O L P J F T C G P D H U

N F O J T Y S A Q Z L J E I M S Q U Z

I B X I S I S E T H C S I M E G G I O

Y W T V T S B A L A N C E P U N K T R

M M H I E H C H M T M B S U N Z M T F

W S O H L H O K L Y K Y Y D F R D Q C

N N K C Z S Q S R W U Y X H C Q Y D I

C I Z H Y A L P R I A F K K G X K U S

H O B P I G N U R P S A N I H C B P M

T K S O L G R T N B K R I H S T S X R

S K W M E M E M Z N R B E N F N N J Z

J Z N R B B P J K V V Z T F K Q Q E Y

Q P Q B L H I A C V W K Q S O S C C L
Y E C Y W D Q U P N M W K Y W Q O J Z
D P I Z R X J J A W D X I M C B U P K
F M Q D A D B T I X O L N L Q C D E V
J G W C C Y R V W P Z P H Z L N P R G
J D C N B Q W M W M S N C R D R U J D
R R U N D N F H Z V G Q E T O U W D R
M D D X Z C O Z G U C N T P R T U M T
T N D C M A H O D C S G U E U E P X K
I P Z G D Y Y U R W Z T I C E R E N W
E Y G N P T U G Y R U C G R C X G U W
B H H F K C G C Q H O W N E K N W U Y
R N G U F S G W G C W Q V T H L Z O P
A X Q U H F U M L G M K L N A T G J E
N A R E L E I P S M A E T I N Z X A K
I R Y V N W T I K L R P W K D K P D U
E Q Y G P K I I C B G N J E C G S K D
B H X J G F T O Z I X P W X X A F K O
M I U Q Z K Z U D I J B R I A R G P S
S P E T S E D I S K Q Q G P F B I J V
K O M P A S S M O D E L T P A A S A J
W W I H S A M S H P F H F E J N S L Q
Z F J C S G Z G N I N I A R T K T F P
S M A S H J V O G E W I N N K E X Y I

10

TEAMSPIELER
TECHNIK TRAINING
INTERCEPT
GEWINN
BEINARBEIT

RUECKHAND SMASH
KOMPASSMODEL
RETURN
SMASH
SIDESTEP

Lösung

Q	P	Q	B	L	H	I	A	C	V	W	K	Q	S	O	S	C	C	L
Y	E	C	Y	W	D	Q	U	P	N	M	W	K	Y	W	Q	O	J	Z
D	P	I	Z	R	X	J	J	A	W	D	X	I	M	C	B	U	P	K
F	M	Q	D	A	D	B	T	I	X	O	L	N	L	Q	C	D	E	V
J	G	W	C	C	Y	R	V	W	P	Z	P	H	Z	L	N	P	R	G
J	D	C	N	B	Q	W	M	W	M	S	N	C	R	D	R	U	J	D
R	R	U	N	D	N	F	H	Z	V	G	Q	E	T	O	U	W	D	R
M	D	D	X	Z	C	O	Z	G	U	C	N	T	P	R	T	U	M	T
T	N	D	C	M	A	H	O	D	C	S	G	U	E	U	E	P	X	K
I	P	Z	G	D	Y	Y	U	R	W	Z	T	I	C	E	R	E	N	W
E	Y	G	N	P	T	U	G	Y	R	U	C	G	R	C	X	G	U	W
B	H	H	F	K	C	G	C	Q	H	O	W	N	E	K	N	W	U	Y
R	N	G	U	F	S	G	W	G	C	W	Q	V	T	H	L	Z	O	P
A	X	Q	U	H	F	U	M	L	G	M	K	L	N	A	T	G	J	E
N	A	R	E	L	E	I	P	S	M	A	E	T	I	N	Z	X	A	K
I	R	Y	V	N	W	T	I	K	L	R	P	W	K	D	K	P	D	U
E	Q	Y	G	P	K	I	I	C	B	G	N	J	E	C	G	S	K	D
B	H	X	J	G	F	T	O	Z	I	X	P	W	X	X	A	F	K	O
M	I	U	Q	Z	K	Z	U	D	I	J	B	R	I	A	R	G	P	S
S	P	E	T	S	E	D	I	S	K	Q	Q	G	P	F	B	I	J	V
K	O	M	P	A	S	S	M	O	D	E	L	T	P	A	A	S	A	J
W	W	I	H	S	A	M	S	H	P	F	H	F	E	J	N	S	L	Q
Z	F	J	C	S	G	Z	G	N	I	N	I	A	R	T	K	T	F	P
S	M	A	S	H	J	V	O	G	E	W	I	N	N	K	E	X	Y	I

S	E	E	N	Y	U	W	Q	P	U	C	J	N	M	L	D	B	U	O
I	H	O	C	I	Q	Y	T	W	V	C	H	C	V	N	R	K	U	S
L	M	O	E	Y	J	X	X	V	N	Q	S	T	U	S	L	S	W	U
B	A	C	S	Y	E	E	A	A	H	C	B	F	K	S	O	T	F	R
Q	D	N	S	K	V	H	W	T	M	A	N	C	L	E	E	R	P	Z
W	L	E	P	B	I	V	W	E	Y	K	N	C	K	N	X	A	L	K
O	C	T	I	P	R	Z	J	B	Z	G	Y	Z	T	T	E	T	A	E
F	Z	I	Y	T	D	G	G	D	K	U	R	S	Z	I	G	E	T	K
H	M	E	Q	I	X	P	W	E	L	L	C	D	H	F	S	G	Z	Z
Y	R	R	H	C	D	L	S	Q	J	H	X	P	L	N	M	I	U	C
K	A	E	I	F	P	S	S	V	E	D	W	R	X	X	K	E	G	Q
P	N	B	T	G	W	V	L	I	J	D	H	K	C	E	D	K	S	Q
A	M	H	Q	C	B	D	D	L	U	S	T	N	C	G	F	V	P	G
O	L	C	H	R	U	U	Y	P	C	A	L	P	K	I	P	Z	S	T
H	E	A	R	A	N	E	I	E	D	B	I	K	L	R	K	Z	D	J
C	Z	N	A	G	S	P	F	K	S	K	P	C	P	S	T	D	H	N
P	N	U	J	O	S	A	G	G	U	H	F	H	E	N	F	Y	F	A
F	I	U	I	S	M	X	D	H	M	C	L	R	F	F	H	G	E	W
M	E	D	O	H	T	E	M	L	L	A	V	R	E	T	N	I	V	S
F	U	T	H	T	N	R	U	S	P	B	T	O	W	L	A	S	I	H
S	J	G	X	C	Y	Q	A	O	J	J	G	P	V	V	L	G	G	R
W	B	P	A	J	Z	B	N	K	P	M	Z	B	I	P	P	U	A	T
D	X	B	X	B	K	K	Q	Y	D	Z	B	L	N	U	T	I	E	Y
I	R	W	X	L	T	X	W	D	G	A	J	L	O	H	F	U	A	Q

11

PLATZ
NACHBEREITEN
FITNESS
EINZEL
HIT
DRIVE
STRATEGIE
ENTSCHEIDUNG
AUFHOLJAGD
INTERVALLMETHODE

Lösung

S	E	E	N	Y	U	W	Q	P	U	C	J	N	M	L	D	B	U	O
I	H	O	C	I	Q	Y	T	W	V	C	H	C	V	N	R	K	U	S
L	M	O	E	Y	J	X	X	V	N	Q	S	T	U	S	L	S	W	U
B	A	C	S	Y	E	E	A	A	H	C	B	F	K	S	O	T	F	R
Q	D	N	S	K	V	H	W	T	M	A	N	C	L	E	E	R	P	Z
W	L	E	P	B	I	V	W	E	Y	K	N	C	K	N	X	A	L	K
O	C	T	I	P	R	Z	J	B	Z	G	Y	Z	T	T	E	T	A	E
F	Z	I	Y	T	D	G	G	D	K	U	R	S	Z	I	G	E	T	K
H	M	E	Q	I	X	P	W	E	L	L	C	D	H	F	S	G	Z	Z
Y	R	R	H	C	D	L	S	Q	J	H	X	P	L	N	M	I	U	C
K	A	E	I	F	P	S	S	V	E	D	W	R	X	X	K	E	G	Q
P	N	B	T	G	W	V	L	I	J	D	H	K	C	E	D	K	S	Q
A	M	H	Q	C	B	D	D	L	U	S	T	N	C	G	F	V	P	G
O	L	C	H	R	U	U	Y	P	C	A	L	P	K	I	P	Z	S	T
H	E	A	R	A	N	E	I	E	D	B	I	K	L	R	K	Z	D	J
C	Z	N	A	G	S	P	F	K	S	K	P	C	P	S	T	D	H	N
P	N	U	J	O	S	A	G	G	U	H	F	H	E	N	F	Y	F	A
F	I	U	I	S	M	X	D	H	M	C	L	R	F	F	H	G	E	W
M	E	D	O	H	T	E	M	L	L	A	V	R	E	T	N	I	V	S
F	U	T	H	T	N	R	U	S	P	B	T	O	W	L	A	S	I	H
S	J	G	X	C	Y	Q	A	O	J	J	G	P	V	V	L	G	G	R
W	B	P	A	J	Z	B	N	K	P	M	Z	B	I	P	P	U	A	T
D	X	B	X	B	K	K	Q	Y	D	Z	B	L	N	U	T	I	E	Y
I	R	W	X	L	T	X	W	D	G	A	J	L	O	H	F	U	A	Q

R	W	O	M	A	U	I	A	K	N	A	T	U	T	Z	I	O	Z	L
A	W	M	N	A	H	A	R	M	N	K	U	Z	A	I	I	L	F	A
E	G	B	I	E	Q	F	Q	U	G	H	K	B	C	H	S	G	I	M
L	Y	Y	C	M	D	L	N	N	L	S	N	K	B	M	X	A	T	A
C	Q	L	R	Y	Z	Y	P	W	G	R	H	C	O	O	R	M	N	D
S	G	N	U	G	I	D	I	E	T	R	E	V	N	P	Z	J	E	M
G	Q	L	H	P	S	H	G	C	Q	Q	M	E	E	W	F	Q	S	H
N	V	C	E	D	N	N	S	U	V	C	R	W	D	Z	W	R	S	W
U	Q	L	F	B	A	K	A	A	C	R	E	N	I	Q	L	V	Z	F
I	B	E	H	R	F	O	C	K	E	D	L	G	O	U	T	L	C	L
E	Z	W	V	A	U	M	S	H	Z	E	N	S	Q	A	Z	Q	K	L
R	Z	O	L	T	O	E	W	D	P	Q	F	O	T	L	D	K	M	J
F	I	L	U	P	D	U	I	P	K	S	F	R	D	I	T	G	L	S
E	Q	W	B	F	H	N	O	R	Z	U	A	S	L	T	N	E	T	R
B	F	I	O	A	T	D	W	I	P	I	G	T	E	A	G	S	F	V
A	S	O	V	N	W	K	A	U	N	Q	J	E	G	E	N	L	J	Z
T	B	T	E	N	P	R	R	I	X	W	P	N	S	T	Y	M	T	B
L	Y	N	M	E	J	O	N	S	M	S	N	Z	I	S	R	W	E	R
I	W	J	O	N	N	G	U	G	N	B	M	W	E	S	K	G	K	B
I	Y	X	U	G	Y	K	N	L	Z	S	B	C	R	P	J	J	L	U
J	E	O	J	R	Y	L	G	Y	V	B	T	H	P	I	V	Q	M	J
S	E	N	N	I	V	W	I	S	C	H	E	N	F	E	X	S	J	S
E	L	P	B	F	Z	Z	B	P	R	S	F	I	T	L	W	B	O	V
O	H	M	P	F	C	X	T	I	X	X	K	V	I	R	E	F	N	X

12

BRATPFANNENGRIFF
QUALITAETSSPIEL
HERREN DOPPEL
FANS
WARNUNG

BEFREIUNGSCLEAR
PREISGELD
WISCHEN
VERTEIDIGUNG
FITNESS TRAINING

Lösung

R W O M A U I A K N A T U T Z I O Z L

A W M N A H A R M N K U Z A I I L F A

E G B I E Q F Q U G H K B C H S G I M

L Y Y C M D L N N L S N K B M X A T A

C Q L R Y Z Y P W G R H C O O R M N D

S G N U G I D I E T R E V N P Z J E M

G Q L H P S H G C Q Q M E E W F Q S H

N V C E D N N S U V C R W D Z W R S W

U Q L F B A K A A C R E N I Q L V Z F

I B E H R F O C K E D L G O U T L C L

E Z W V A U M S H Z E N S Q A Z Q K L

R Z O L T O E W D P Q F O T L D K M J

F I L U P D U I P K S F R D I T G L S

E Q W B F H N O R Z U A S L T N E T R

B F I O A T D W I P I G T E A G S F V

A S O V N W K A U N Q J E G E N L J Z

T B T E N P R R I X W P N S T Y M T B

L Y N M E J O N S M S N Z I S R W E R

I W J O N N G U G N B M W E S K G K B

I Y X U G Y K N L Z S B C R P J J L U

J E O J R Y L G Y V B T H P I V Q M J

S E N N I V W I S C H E N F E X S J S

E L P B F Z Z B P R S F I T L W B O V

O H M P F C X T I X X K V I R E F N X

H O V P M E Z P Q D I P Z K R M Y S N
P X C I D V F W S G Y K C E W X S B E
O Z J K Y T O E W O O L M Z A V E K U
X R V B I T R U Z W Z L X O X P E P T
Q Y W E R N M I B N C M X Z E D T Y R
O D Z I Z D G O T B C K W M Y V M H A
O L F V E E A S P I X V R M E E M X L
E B G F E U X W P I R N Q R L E I I D
E N K G A R E Q N R W Q L Y A A M P R
A S P Q U E W T V M U I O X Z L V D O
E H K A V O E A J O E N P I R Y E L P
A X Z J A R E A R R K O G F X O S Q F
G E P K V L F U E N L E G I L Y H M T
Q L S I T O V R C I U L P Z S V C D F
Y P E I R B I S Z S V N U K R H K J S
J W M E A B Z I N K H F G J P F P N G
Z E M I E M S S J O W K W R E T N O K
J I C C A T E L L I W S E G E I S M R
Q B U B F O W V S A F W G P Q N O C L
D Z W F F Z H Y O W H P M Y N Q U K J
G A L H C S D N A H K C E U R X O N C
L Q H A T H C Z N M Y S A S F F Q D X
C W H C U O B E B F A L W Z F G M J L
H Q G U F E Q O W U B B B U D Z Q L C

13

KONTER
SIEGESWILLE
POLIZIST
NEUTRALDROP
KINGSPRUNG
INTERVIEW
VERWARNUNG
VERLIERER
LOB
RUECKHANDSCHLAG

Lösung

H O V P M E Z P Q D I P Z K R M Y S N

P X C I D V F W S G Y K C E W X S B E

O Z J K Y T O E W O O L M Z A V E K U

X R V B I T R U Z W Z L X O X P E P T

Q Y W E R N M I B N C M X Z E D T Y R

O D Z I Z D G O T B C K W M Y V M H A

O L F V E E A S P I X V R M E E M X L

E B G F E U X W P I R N Q R L E I I D

E N K G A R E Q N R W Q L Y A A M P R

A S P Q U E W T V M U I O X Z L V D O

E H K A V O E A J O E N P I R Y E L P

A X Z J A R E A R R K O G F X O S Q F

G E P K V L F U E N L E G I L Y H M T

Q L S I T O V R C I U L P Z S V C D F

Y P E I R B I S Z S V N U K R H K J S

J W M E A B Z I N K H F G J P F P N G

Z E M I E M S S J O W K W R E T N O K

J I C C A T E L L I W S E G E I S M R

Q B U B F O W V S A F W G P Q N O C L

D Z W F F Z H Y O W H P M Y N Q U K J

G A L H C S D N A H K C E U R X O N C

L Q H A T H C Z N M Y S A S F F Q D X

C W H C U O B E B F A L W Z F G M J L

H Q G U F E Q O W U B B B U D Z Q L C

H B H Q R K O J N T W C J T D A J K Q
W Z Z F A V W H I G C A A G K R T N L
Q O M Z G B L U D H G N E L A L P P M
O A G Y J B E K F F O K C W J P L A I
C H Y I C K R T K N U P N E R H E E J
S H U T T L E C O C K Q N L V H X G W
C Q S R K G E F B B B D S Q B S U G E
X O U Y A R S D C S T R A F E X U C O
N J P B B W H O L Q K I R Z A K V Y T
E Z L R U G E G E N E R A N A L Y S E
D V R A A J L Q U A V F W Y G T L X G
T T I R H C S N E Y A L A M P H F I G
R U E C K S C H L A E G E R Q M A W A
W F F I R G N A L E N N U T Y O G D L
T Z N M C A P N A C S G P C Q T D X D
D R T M Y A I A F B B L C K A A E E S
Q R U R B C I Z T E Q R U R P X H S R
W Z D R B B I L L A G G L W W I N E R
E N I C A X Q J Y Q T R O Y A Y E A Z
M O G Z G I A W D I M A Q N K I N O T
L O R R W S M F H V A C Y C D L Z R L
P Q O B X P Y M H M B Q C J W E Y I H
Z Y R G M V D U L O U U L E P P O D O
T G J C A B S H V X J K D V I W I W T

14

EHRENPUNKT
SHUTTLECOCK
TUNNELANGRIFF
FALLE
MALAYENSCHRITT
GEGENERANALYSE
DEHNEN
DOPPEL
STRAFE
RUECKSCHLAEGER

Lösung

H	B	H	Q	R	K	O	J	N	T	W	C	J	T	D	A	J	K	Q
W	Z	Z	F	A	V	W	H	I	G	C	A	A	G	K	R	T	N	L
Q	O	M	Z	G	B	L	U	D	H	G	N	E	L	A	L	P	P	M
O	A	G	Y	J	B	E	K	F	F	O	K	C	W	J	P	L	A	I
C	H	Y	I	C	K	R	T	K	N	U	P	N	E	R	H	E	E	J
S	H	U	T	T	L	E	C	O	C	K	Q	N	L	V	H	X	G	W
C	Q	S	R	K	G	E	F	B	B	B	D	S	Q	B	S	U	G	E
X	O	U	Y	A	R	S	D	C	S	T	R	A	F	E	X	U	C	O
N	J	P	B	B	W	H	O	L	Q	K	I	R	Z	A	K	V	Y	T
E	Z	L	R	U	G	E	G	E	N	E	R	A	N	A	L	Y	S	E
D	V	R	A	A	J	L	Q	U	A	V	F	W	Y	G	T	L	X	G
T	T	I	R	H	C	S	N	E	Y	A	L	A	M	P	H	F	I	G
R	U	E	C	K	S	C	H	L	A	E	G	E	R	Q	M	A	W	A
W	F	F	I	R	G	N	A	L	E	N	N	U	T	Y	O	G	D	L
T	Z	N	M	C	A	P	N	A	C	S	G	P	C	Q	T	D	X	D
D	R	T	M	Y	A	I	A	F	B	B	L	C	K	A	A	E	E	S
Q	R	U	R	B	C	I	Z	T	E	Q	R	U	R	P	X	H	S	R
W	Z	D	R	B	B	I	L	L	A	G	G	L	W	W	I	N	E	R
E	N	I	C	A	X	Q	J	Y	Q	T	R	O	Y	A	Y	E	A	Z
M	O	G	Z	G	I	A	W	D	I	M	A	Q	N	K	I	N	O	T
L	O	R	R	W	S	M	F	H	V	A	C	Y	C	D	L	Z	R	L
P	Q	O	B	X	P	Y	M	H	M	B	Q	C	J	W	E	Y	I	H
Z	Y	R	G	M	V	D	U	L	O	U	U	L	E	P	P	O	D	O
T	G	J	C	A	B	S	H	V	X	J	K	D	V	I	W	I	W	T

R	W	I	G	S	M	A	B	Y	G	B	W	K	Z	U	A	D	A	Z
S	Q	S	N	N	K	W	L	T	K	G	B	F	H	T	T	L	G	P
K	D	F	I	D	N	R	F	H	O	I	F	O	I	Y	U	R	K	R
N	O	T	N	I	M	D	A	B	O	K	B	Z	D	T	M	R	N	X
W	Z	B	I	T	V	W	A	O	B	R	M	Q	K	J	F	I	E	U
K	F	Z	A	N	Q	S	Q	N	K	I	J	N	X	E	V	F	T	H
O	W	Y	R	U	Q	K	Q	U	A	Z	Z	L	D	L	B	R	Z	V
N	S	P	T	V	U	R	L	U	H	C	V	E	E	C	E	A	S	W
T	V	X	T	N	N	R	W	T	M	V	R	P	V	G	M	T	C	L
E	H	H	F	K	E	V	T	F	U	B	Z	H	M	M	V	D	H	Y
R	G	Q	A	P	T	S	U	S	A	O	F	A	F	Z	R	K	M	M
S	K	J	R	Z	Z	Y	Q	L	X	N	S	M	H	U	Y	B	I	E
P	P	C	K	B	D	T	L	Y	H	S	O	M	A	G	R	A	T	Y
I	J	B	I	O	R	F	I	N	H	Y	I	E	E	E	K	F	T	Y
E	B	G	N	H	O	N	F	W	X	J	K	R	K	T	S	E	E	P
L	K	E	D	D	P	E	N	X	T	G	H	G	P	G	L	G	F	C
E	E	H	S	Y	F	U	S	J	N	L	H	R	B	G	E	I	S	L
R	E	G	E	A	L	H	C	S	F	U	A	I	W	W	F	Q	E	J
S	J	P	J	Z	Z	Q	G	B	I	V	P	F	R	H	F	K	Z	S
C	K	A	K	O	K	R	W	P	B	Q	G	F	W	J	Q	S	Z	C
B	G	P	Z	X	O	P	C	Y	R	D	F	H	E	K	C	T	N	K
D	T	V	T	Q	O	S	P	I	E	L	P	A	U	S	E	J	B	E
Q	Y	I	L	X	F	U	R	X	V	V	B	U	C	A	N	L	Z	U
H	G	U	O	U	I	U	S	A	U	J	W	K	L	P	N	T	A	S

15

BADMINTON
NETZSCHMITTE
SIEG
HAMMERGRIFF
FEDERBALL

NETZDROP
SPIELPAUSE
AUFSCHLAEGER
KRAFTTRAINING
KONTERSPIELER

Lösung

R W I G S M A B Y G B W K Z U A D A Z
S Q S N N K W L T K G B F H T T L G P
K D F I D N R F H O I F O I Y U R K R
N O T N I M D A B O K B Z D T M R N X
W Z B I T V W A O B R M Q K J F I E U
K F Z A N Q S Q N K I J N X E V F T H
O W Y R U Q K Q U A Z Z L D L B R Z V
N S P T V U R L U H C V E E C E A S W
T V X T N N R W T M V R P V G M T C L
E H H F K E V T F U B Z H M M V D H Y
R G Q A P T S U S A O F A F Z R K M M
S K J R Z Z Y Q L X N S M H U Y B I E
P P C K B D T L Y H S O M A G R A T Y
I J B I O R F I N H Y I E E E K F T Y
E B G N H O N F W X J K R K T S E E P
L K E D D P E N X T G H G P G L G F C
E E H S Y F U S J N L H R B G E I S L
R E G E A L H C S F U A I W W F Q E J
S J P J Z Z Q G B I V P F R H F K Z S
C K A K O K R W P B Q G F W J Q S Z C
B G P Z X O P C Y R D F H E K C T N K
D T V T Q O S P I E L P A U S E J B E
Q Y I L X F U R X V V B U C A N L Z U
H G U O U I U S A U J W K L P N T A S

K	A	D	C	Y	B	C	G	N	U	L	H	Ü	K	B	A	T	J	G
U	A	M	F	B	W	Y	B	J	F	S	J	T	V	U	X	S	G	K
L	T	M	B	V	G	K	N	O	Y	B	M	X	B	G	W	W	V	P
Q	L	F	E	S	S	B	D	F	W	K	D	G	S	I	U	Z	J	D
I	Q	V	T	T	Y	K	R	A	F	T	R	A	U	M	T	P	P	U
A	G	X	K	L	A	S	L	I	V	K	Q	P	X	P	K	I	U	W
P	S	C	N	X	F	I	C	R	T	U	O	P	L	Q	O	C	Y	W
U	S	H	U	V	H	Q	M	I	D	K	I	L	P	K	O	B	L	E
P	A	E	P	Y	E	Y	P	A	C	D	B	D	J	Z	R	V	A	I
D	L	R	T	S	F	Q	P	R	P	G	V	S	Q	N	D	M	A	D
O	B	Q	K	G	M	I	M	D	O	N	H	E	S	S	I	Q	X	N
D	G	Z	D	G	C	V	D	T	H	U	U	E	I	T	N	V	H	I
P	X	C	E	E	X	X	Q	T	M	K	T	E	D	O	A	P	U	O
O	Z	X	C	Y	E	G	K	J	U	Z	G	B	H	P	T	J	K	D
W	M	H	C	S	N	U	W	K	C	E	U	L	G	S	I	A	V	W
E	K	C	A	B	C	B	U	N	R	G	A	G	K	T	O	M	V	G
R	Q	I	H	K	B	K	R	E	T	A	O	S	F	E	N	J	Q	B
G	Z	L	A	J	O	K	H	Y	S	A	N	N	L	E	G	C	N	G
R	N	Y	R	L	N	R	O	W	B	E	G	O	H	W	C	W	O	B
I	X	R	B	H	U	Z	G	Z	Y	G	I	Q	H	S	S	P	F	J
F	Y	Q	C	N	E	D	T	Y	A	I	Q	Z	J	N	O	P	W	Y
F	W	L	G	G	F	A	A	D	C	V	S	T	B	C	H	F	M	R
C	G	J	Y	B	S	H	O	N	I	M	A	W	T	J	W	L	Z	A
J	T	W	Z	G	O	S	E	G	I	X	W	I	W	S	B	T	Y	N

16

KOORDINATION
KRAFTRAUM
IGEA
ABKÜHLUNG
GLUECKWUNSCH
SATZ
POWERGRIFF
TPUNKTE
SWEETSPOT
SIEGEREHRUNG

Lösung

K	A	D	C	Y	B	C	G	N	U	L	H	Ü	K	B	A	T	J	G
U	A	M	F	B	W	Y	B	J	F	S	J	T	V	U	X	S	G	K
L	T	M	B	V	G	K	N	O	Y	B	M	X	B	G	W	W	V	P
Q	L	F	E	S	S	B	D	F	W	K	D	G	S	I	U	Z	J	D
I	Q	V	T	T	Y	K	R	A	F	T	R	A	U	M	T	P	P	U
A	G	X	K	L	A	S	L	I	V	K	Q	P	X	P	K	I	U	W
P	S	C	N	X	F	I	C	R	T	U	O	P	L	Q	O	C	Y	W
U	S	H	U	V	H	Q	M	I	D	K	I	L	P	K	O	B	L	E
P	A	E	P	Y	E	Y	P	A	C	D	B	D	J	Z	R	V	A	I
D	L	R	T	S	F	Q	P	R	P	G	V	S	Q	N	D	M	A	D
O	B	Q	K	G	M	I	M	D	O	N	H	E	S	S	I	Q	X	N
D	G	Z	D	G	C	V	D	T	H	U	U	E	I	T	N	V	H	I
P	X	C	E	E	X	X	Q	T	M	K	T	E	D	O	A	P	U	O
O	Z	X	C	Y	E	G	K	J	U	Z	G	B	H	P	T	J	K	D
W	M	H	C	S	N	U	W	K	C	E	U	L	G	S	I	A	V	W
E	K	C	A	B	C	B	U	N	R	G	A	G	K	T	O	M	V	G
R	Q	I	H	K	B	K	R	E	T	A	O	S	F	E	N	J	Q	B
G	Z	L	A	J	O	K	H	Y	S	A	N	N	L	E	G	C	N	G
R	N	Y	R	L	N	R	O	W	B	E	G	O	H	W	C	W	O	B
I	X	R	B	H	U	Z	G	Z	Y	G	I	Q	H	S	S	P	F	J
F	Y	Q	C	N	E	D	T	Y	A	I	Q	Z	J	N	O	P	W	Y
F	W	L	G	G	F	A	A	D	C	V	S	T	B	C	H	F	M	R
C	G	J	Y	B	S	H	O	N	I	M	A	W	T	J	W	L	Z	A
J	T	W	Z	G	O	S	E	G	I	X	W	I	W	S	B	T	Y	N

J	A	X	D	B	L	C	I	M	A	R	U	R	F	S	C	G	J	X
I	Q	Q	Y	W	B	C	T	T	G	L	V	A	U	P	L	B	Z	Z
Y	Y	Y	F	V	T	C	N	F	E	K	B	E	N	Z	S	N	Y	C
J	E	E	N	P	X	M	B	O	V	H	O	L	H	J	U	M	W	U
Q	E	V	L	F	U	M	I	P	J	B	U	C	T	Z	T	S	T	P
U	Y	T	B	N	E	P	Z	B	O	U	B	D	H	L	N	L	I	O
Y	Q	R	B	U	T	A	X	D	Y	B	P	N	S	B	Q	L	C	M
G	T	A	R	G	B	Z	D	R	J	E	S	A	P	F	K	A	L	O
G	V	T	Q	L	J	U	M	N	H	R	T	H	S	F	E	K	L	K
Q	N	S	Z	O	Y	N	F	F	H	E	E	R	G	I	X	C	E	A
Q	P	F	P	O	S	L	H	D	J	I	C	E	M	R	Q	M	N	R
P	O	P	X	Z	D	G	J	M	X	T	H	T	C	G	K	E	N	X
L	A	M	D	P	N	F	U	F	Q	S	E	N	H	N	Y	J	U	A
Q	A	A	O	C	A	H	M	T	E	C	N	U	K	A	Z	U	T	S
L	Z	K	E	R	H	U	N	A	F	H	Z	P	B	H	U	F	S	B
P	B	T	H	D	E	Y	M	A	F	A	P	M	V	Z	A	Q	L	T
E	E	T	Q	X	K	I	Z	S	R	F	Y	L	R	S	I	A	P	K
F	Q	E	Q	R	A	J	G	X	P	T	B	J	N	O	C	V	X	W
R	Z	W	D	V	H	V	U	B	S	R	U	Q	C	K	F	U	V	B
O	F	P	K	K	S	M	U	G	X	B	U	E	L	T	R	H	U	X
B	N	Z	O	T	C	V	F	E	C	C	K	N	B	N	W	L	Y	F
A	K	J	T	C	H	K	G	E	G	T	V	X	G	U	B	R	I	F
F	O	C	W	O	M	Q	Y	R	L	G	J	V	J	N	N	D	Q	A
Z	A	L	D	J	C	R	T	T	A	D	I	I	A	Z	B	G	H	X

17

UNTERHANDCLEAR
STECHEN
ANGRIFF
UEBUNG
BLACK

TUNNEL
WETTKAMPFSTART
SHAKEHANDS
UMSPRUNG
BEREITSCHAFT

Lösung

J A X D B L C I M A R U R F S C G J X
I Q Q Y W B C T T G L V A U P L B Z Z
Y Y Y F V T C N F E K B E N Z S N Y C
J E E N P X M B O V H O L H J U M W U
Q E V L F U M I P J B U C T Z T S T P
U Y T B N E P Z B O U B D H L N L I O
Y Q R B U T A X D Y B P N S B Q L C M
G T A R G B Z D R J E S A P F K A L O
G V T Q L J U M N H R T H S F E K L K
Q N S Z O Y N F F H E E R G I X C E A
Q P F P O S L H D J I C E M R Q M N R
P O P X Z D G J M X T H T C G K E N X
L A M D P N F U F Q S E N H N Y J U A
Q A A O C A H M T E C N U K A Z U T S
L Z K E R H U N A F H Z P B H U F S B
P B T H D E Y M A F A P M V Z A Q L T
E E T Q X K I Z S R F Y L R S I A P K
F Q E Q R A J G X P T B J N O C V X W
R Z W D V H V U B S R U Q C K F U V B
O F P K K S M U G X B U E L T R H U X
B N Z O T C V F E C C K N B N W L Y F
A K J T C H K G E G T V X G U B R I F
F O C W O M Q Y R L G J V J N N D Q A
Z A L D J C R T T A D I I A Z B G H X

I	P	X	S	O	P	P	K	S	A	G	Y	W	G	X	F	R	O	M
J	G	N	K	R	Q	W	M	A	T	C	H	P	U	N	K	T	R	W
M	R	H	E	S	O	D	Z	K	L	G	W	F	I	Q	U	Y	P	U
J	A	R	I	U	G	D	F	I	A	T	X	E	D	M	G	L	A	V
G	V	L	D	Z	G	E	M	M	B	T	X	O	D	I	Y	W	P	D
B	G	K	E	O	V	R	Z	K	A	F	V	A	H	X	X	G	Q	T
V	K	C	J	G	I	J	H	D	B	Q	U	B	N	E	B	A	L	K
B	Y	C	X	W	C	P	Y	Z	S	P	R	I	D	D	R	L	G	W
E	U	H	W	C	X	W	I	N	T	L	E	U	O	E	D	H	P	X
W	D	W	S	W	O	X	O	D	I	D	A	J	I	C	Y	C	G	Y
C	M	V	E	L	A	R	I	O	E	P	N	N	Z	K	A	S	F	N
A	N	E	Y	Q	I	K	Z	R	G	R	F	C	S	E	W	F	M	T
C	Y	R	U	J	Z	Q	L	E	E	Q	B	J	M	E	B	U	I	N
H	B	L	W	H	Q	A	W	U	H	P	W	Y	Z	J	E	A	P	M
O	L	U	U	W	G	J	A	V	T	O	P	S	P	I	E	L	T	E
W	I	S	D	E	F	H	Z	A	P	A	U	M	G	B	B	E	M	F
S	I	T	X	Q	C	Y	M	Q	T	K	U	Y	T	K	K	Z	B	W
I	W	U	U	S	R	E	T	S	I	E	M	T	L	E	W	N	C	F
V	K	S	U	W	B	C	A	R	G	Z	A	H	S	V	R	I	P	A
Q	V	Z	R	D	B	E	N	E	X	G	Y	U	Q	M	A	E	K	M
V	P	L	K	E	X	Z	B	T	Z	G	N	T	T	Z	U	O	Y	L
W	Z	Z	S	K	L	D	J	B	H	J	Y	Q	N	K	V	S	M	B
B	U	Y	N	M	L	H	W	F	P	W	X	P	R	U	X	K	L	I
Z	U	C	L	E	A	R	A	P	L	N	R	C	T	R	A	K	A	D

18

NIEDERLAGE
CLEAR
ZUSCHAUER
VERLUST
MATCHPUNKT

TOPSPIEL
MIXEDECKE
EINZELAUFSCHLAG
ABSTIEG
WELTMEISTER

Lösung

I	P	X	S	O	P	P	K	S	A	G	Y	W	G	X	F	R	O	M
J	G	N	K	R	Q	W	M	A	T	C	H	P	U	N	K	T	R	W
M	R	H	E	S	O	D	Z	K	L	G	W	F	I	Q	U	Y	P	U
J	A	R	I	U	G	D	F	I	A	T	X	E	D	M	G	L	A	V
G	V	L	D	Z	G	E	M	M	B	T	X	O	D	I	Y	W	P	D
B	G	K	E	O	V	R	Z	K	A	F	V	A	H	X	X	G	Q	T
V	K	C	J	G	I	J	H	D	B	Q	U	B	N	E	B	A	L	K
B	Y	C	X	W	C	P	Y	Z	S	P	R	I	D	D	R	L	G	W
E	U	H	W	C	X	W	I	N	T	L	E	U	O	E	D	H	P	X
W	D	W	S	W	O	X	O	D	I	D	A	J	I	C	Y	C	G	Y
C	M	V	E	L	A	R	I	O	E	P	N	N	Z	K	A	S	F	N
A	N	E	Y	Q	I	K	Z	R	G	R	F	C	S	E	W	F	M	T
C	Y	R	U	J	Z	Q	L	E	E	Q	B	J	M	E	B	U	I	N
H	B	L	W	H	Q	A	W	U	H	P	W	Y	Z	J	E	A	P	M
O	L	U	U	W	G	J	A	V	T	O	P	S	P	I	E	L	T	E
W	I	S	D	E	F	H	Z	A	P	A	U	M	G	B	B	E	M	F
S	I	T	X	Q	C	Y	M	Q	T	K	U	Y	T	K	K	Z	B	W
I	W	U	U	S	R	E	T	S	I	E	M	T	L	E	W	N	C	F
V	K	S	U	W	B	C	A	R	G	Z	A	H	S	V	R	I	P	A
Q	V	Z	R	D	B	E	N	E	X	G	Y	U	Q	M	A	E	K	M
V	P	L	K	E	X	Z	B	T	Z	G	N	T	T	Z	U	O	Y	L
W	Z	Z	S	K	L	D	J	B	H	J	Y	Q	N	K	V	S	M	B
B	U	Y	N	M	L	H	W	F	P	W	X	P	R	U	X	K	L	I
Z	U	C	L	E	A	R	A	P	L	N	R	C	T	R	A	K	A	D

DAS

MINIGOLF

WORTSUCHRÄTSEL BUCH

M	O	C	S	Y	E	F	G	W	P	J	Z	O	S	D	P	I	T	S
Z	W	X	N	I	Q	Z	G	K	U	B	U	S	J	P	M	W	O	I
O	S	O	M	R	P	I	Z	F	O	A	O	C	K	U	G	Z	A	P
X	Y	O	K	H	Z	Z	K	G	X	R	M	H	Y	D	Y	K	Z	V
Y	G	F	L	O	G	I	N	I	M	S	H	L	A	W	S	Y	S	R
Q	U	B	K	R	Z	Z	D	K	S	M	Z	A	P	S	L	I	A	M
K	A	N	B	D	H	C	D	W	O	Z	X	G	L	A	G	D	C	A
W	I	S	V	N	C	Z	R	W	E	E	Z	B	L	X	M	L	A	B
C	O	B	E	T	Y	K	O	S	M	G	O	E	N	V	P	N	J	F
Z	V	Q	I	M	T	C	K	J	D	J	H	R	L	E	M	S	O	M
X	E	C	T	U	K	L	E	X	H	Y	W	E	N	H	A	B	C	S
S	H	P	C	Z	N	O	R	O	I	W	T	I	L	I	Q	Y	M	B
P	E	A	S	Y	U	L	J	L	N	L	T	T	L	C	C	Q	H	J
I	B	R	G	X	P	Z	Z	J	D	Q	G	F	M	U	O	U	W	P
E	R	I	L	G	T	N	K	A	E	P	E	Z	Y	B	W	V	O	U
L	O	V	B	W	R	R	N	Y	R	P	Y	O	V	A	B	L	G	T
S	I	A	L	T	A	G	Y	N	N	A	B	W	F	U	T	R	V	T
T	L	B	C	V	T	A	H	T	I	B	W	G	I	V	Z	V	Q	X
A	J	M	N	S	S	F	W	Z	S	A	I	A	P	A	Z	P	N	X
N	E	U	V	Y	H	Q	C	W	H	K	N	S	Z	I	H	S	K	J
D	U	F	H	U	T	I	B	T	N	E	M	A	N	R	U	O	T	X
Q	G	R	J	Q	S	I	W	F	W	X	G	K	P	E	E	D	U	I
F	O	H	B	R	O	O	C	K	L	F	S	Y	K	L	P	O	M	R
P	V	J	U	D	H	Z	I	Y	R	W	F	T	Y	N	R	V	W	Y

1

HINDERNIS
STARTPUNKT
TOURNAMENT
PUTT
MINIGOLF

BAHN
REKORD
SPIELSTAND
PAR
SCHLAGBEREIT

Lösung

M	O	C	S	Y	E	F	G	W	P	J	Z	O	S	D	P	I	T	S
Z	W	X	N	I	Q	Z	G	K	U	B	U	S	J	P	M	W	O	I
O	S	O	M	R	P	I	Z	F	O	A	O	C	K	U	G	Z	A	P
X	Y	O	K	H	Z	Z	K	G	X	R	M	H	Y	D	Y	K	Z	V
Y	G	F	L	O	G	I	N	I	M	S	H	L	A	W	S	Y	S	R
Q	U	B	K	R	Z	Z	D	K	S	M	Z	A	P	S	L	I	A	M
K	A	N	B	D	H	C	D	W	O	Z	X	G	L	A	G	D	C	A
W	I	S	V	N	C	Z	R	W	E	E	Z	B	L	X	M	L	A	B
C	O	B	E	T	Y	K	O	S	M	G	O	E	N	V	P	N	J	F
Z	V	Q	I	M	T	C	K	J	D	J	H	R	L	E	M	S	O	M
X	E	C	T	U	K	L	E	X	H	Y	W	E	N	H	A	B	C	S
S	H	P	C	Z	N	O	R	O	I	W	T	I	L	I	Q	Y	M	B
P	E	A	S	Y	U	L	J	L	N	L	T	T	L	C	C	Q	H	J
I	B	R	G	X	P	Z	Z	J	D	Q	G	F	M	U	O	U	W	P
E	R	I	L	G	T	N	K	A	E	P	E	Z	Y	B	W	V	O	U
L	O	V	B	W	R	R	N	Y	R	P	Y	O	V	A	B	L	G	T
S	I	A	L	T	A	G	Y	N	N	A	B	W	F	U	T	R	V	T
T	L	B	C	V	T	A	H	T	I	B	W	G	I	V	Z	V	Q	X
A	J	M	N	S	S	F	W	Z	S	A	I	A	P	A	Z	P	N	X
N	E	U	V	Y	H	Q	C	W	H	K	N	S	Z	I	H	S	K	J
D	U	F	H	U	T	I	B	T	N	E	M	A	N	R	U	O	T	X
Q	G	R	J	Q	S	I	W	F	W	X	G	K	P	E	E	D	U	I
F	O	H	B	R	O	O	C	K	L	F	S	Y	K	L	P	O	M	R
P	V	J	U	D	H	Z	I	Y	R	W	F	T	Y	N	R	V	W	Y

R	A	I	Y	Q	E	O	L	Q	U	L	G	K	W	C	S	Y	R	X
X	Q	L	R	A	C	P	T	I	M	E	C	N	X	B	Y	G	N	M
J	K	W	D	F	C	F	J	O	F	D	M	I	I	W	U	Q	T	W
J	L	K	F	Z	A	V	H	E	O	O	J	Y	D	O	U	B	E	E
Y	S	C	N	V	D	A	H	F	M	H	D	K	V	X	B	X	X	Y
W	W	A	I	L	N	L	E	X	G	T	U	A	D	X	P	R	B	V
L	K	G	C	D	E	Z	U	N	W	E	N	U	G	L	J	R	U	R
L	W	B	S	R	F	E	T	A	U	M	H	S	I	R	N	L	O	T
A	C	H	G	N	L	U	P	E	L	L	W	R	G	A	B	O	C	C
Z	O	V	N	X	F	J	L	I	N	L	O	U	G	M	Q	Y	M	T
S	O	C	V	J	T	G	K	G	P	A	B	E	C	E	Q	A	S	Q
X	A	P	R	Y	G	Q	D	Z	C	V	S	S	V	R	M	M	K	E
H	J	G	T	L	K	Y	X	X	R	R	H	T	A	E	A	N	H	V
C	Y	V	O	R	B	X	E	L	E	E	A	U	B	M	U	C	Q	X
Y	R	W	H	G	A	I	D	Z	A	T	K	N	U	Q	A	N	E	A
E	S	N	W	P	O	W	R	P	Y	N	E	G	Q	R	Z	Z	Z	Z
U	R	S	Y	L	W	T	T	M	L	I	N	O	P	O	W	W	I	O
U	E	G	J	Z	B	Z	I	X	M	S	C	S	R	Y	A	G	K	O
M	L	N	C	X	V	O	C	L	Z	O	N	I	L	L	N	D	Y	U
S	V	B	E	T	R	E	U	E	R	A	O	T	U	Y	P	T	C	R
C	A	F	G	N	I	T	T	U	P	M	S	U	N	B	M	N	K	Z
F	R	L	P	F	M	Y	W	J	W	M	H	B	C	P	N	P	F	K
Z	S	L	Z	V	H	Q	U	H	D	D	D	F	G	Q	J	B	E	T
T	R	A	T	S	F	P	M	A	K	T	T	E	W	X	L	Y	Q	S

2

PUTTING WAP
INTERVALLMETHODE
FEHLER
ANSPRACHE
NETZ

BETREUER
AUSRUESTUNG
TURBOING
WETTKAMPFSTART
SHAKE HANDS

Lösung

R	A	I	Y	Q	E	O	L	Q	U	L	G	K	W	C	S	Y	R	X
X	Q	L	R	A	C	P	T	I	M	E	C	N	X	B	Y	G	N	M
J	K	W	D	F	C	F	J	O	F	D	M	I	I	W	U	Q	T	W
J	L	K	F	Z	A	V	H	E	O	O	J	Y	D	O	U	B	E	E
Y	S	C	N	V	D	A	H	F	M	H	D	K	V	X	B	X	X	Y
W	W	A	I	L	N	L	E	X	G	T	U	A	D	X	P	R	B	V
L	K	G	C	D	E	Z	U	N	W	E	N	U	G	L	J	R	U	R
L	W	B	S	R	F	E	T	A	U	M	H	S	I	R	N	L	O	T
A	C	H	G	N	L	U	P	E	L	L	W	R	G	A	B	O	C	C
Z	O	V	N	X	F	J	L	I	N	L	O	U	G	M	Q	Y	M	T
S	O	C	V	J	T	G	K	G	P	A	B	E	C	E	Q	A	S	Q
X	A	P	R	Y	G	Q	D	Z	C	V	S	S	V	R	M	M	K	E
H	J	G	T	L	K	Y	X	X	R	R	H	T	A	E	A	N	H	V
C	Y	V	O	R	B	X	E	L	E	E	A	U	B	M	U	C	Q	X
Y	R	W	H	G	A	I	D	Z	A	T	K	N	U	Q	A	N	E	A
E	S	N	W	P	O	W	R	P	Y	N	E	G	Q	R	Z	Z	Z	Z
U	R	S	Y	L	W	T	T	M	L	I	N	O	P	O	W	W	I	O
U	E	G	J	Z	B	Z	I	X	M	S	C	S	R	Y	A	G	K	O
M	L	N	C	X	V	O	C	L	Z	O	N	I	L	L	N	D	Y	U
S	V	B	E	T	R	E	U	E	R	A	O	T	U	Y	P	T	C	R
C	A	F	G	N	I	T	T	U	P	M	S	U	N	B	M	N	K	Z
F	R	L	P	F	M	Y	W	J	W	M	H	B	C	P	N	P	F	K
Z	S	L	Z	V	H	Q	U	H	D	D	D	F	G	Q	J	B	E	T
T	R	A	T	S	F	P	M	A	K	T	T	E	W	X	L	Y	Q	S

F	A	Y	U	Y	L	V	T	P	P	I	Z	T	H	A	Y	P	V	L
P	Q	L	O	Y	I	D	T	D	W	A	S	E	D	Y	O	L	E	A
O	V	I	G	W	S	I	L	S	V	A	R	A	Y	Q	Y	R	C	M
L	E	E	L	R	S	Z	H	P	X	X	A	R	M	S	S	D	P	Z
M	E	S	Q	N	Y	S	Y	H	E	R	R	E	N	W	T	N	A	R
G	G	I	U	X	H	D	Y	S	T	I	Y	G	D	E	R	L	D	X
D	N	G	P	A	R	G	A	D	Y	G	P	S	K	L	A	V	A	N
C	U	U	R	S	P	Q	V	M	M	O	U	G	Z	T	I	T	M	B
E	R	R	M	B	S	F	U	Y	X	X	T	N	R	M	N	M	E	I
X	H	U	L	T	F	T	P	D	K	W	T	I	W	E	I	T	N	U
Q	E	R	L	K	N	T	E	M	R	X	E	N	A	I	N	A	I	P
M	R	F	W	E	E	T	I	A	A	U	R	I	Q	S	G	W	J	F
Q	E	E	J	I	C	A	E	B	T	K	U	A	P	T	U	Z	A	Z
M	G	W	P	M	D	Z	V	F	O	I	T	R	B	E	M	X	P	W
B	E	Y	N	O	X	E	W	O	L	P	L	T	H	R	B	W	J	Z
F	I	G	T	I	N	Z	K	T	B	F	Z	A	E	Y	R	I	D	U
J	S	D	E	X	L	E	F	T	H	A	N	D	U	W	G	M	M	Z
Y	A	V	B	I	H	W	P	L	C	U	K	S	E	Q	N	R	P	L
Z	X	Q	E	M	S	T	B	X	Q	L	J	V	U	M	K	L	W	X
Z	P	Q	C	S	S	A	P	Z	O	K	A	O	F	H	N	A	H	R
J	M	G	D	F	K	Z	N	O	F	M	B	W	N	J	U	Z	T	U
B	X	V	Y	H	K	Y	Y	Y	F	H	S	W	B	X	O	N	Q	E
W	Y	J	H	K	H	E	Z	R	O	C	F	B	K	L	I	N	P	Q
C	U	H	O	T	I	P	N	K	U	X	G	B	T	Q	C	R	X	N

3

TRAININGSGERAET
DAMEN
WETTKAMPFPAUSE
LEFTHAND PUTTER
SIEGEREHRUNG

HERREN
SIEG
WELTMEISTER
QUALITAETSSPIEL
TRAINING

Lösung

```
F A Y U Y L V T P P I Z T H A Y P V L
P Q L O Y I D T D W A S E D Y O L E A
O V I G W S I L S V A R A Y Q Y R C M
L E E L R S Z H P X X A R M S S D P Z
M E S Q N Y S Y H E R R E N W T N A R
G G I U X H D Y S T I Y G D E R L D X
D N G P A R G A D Y G P S K L A V A N
C U U R S P Q V M M O U G Z T I T M B
E R R M B S F U Y X X T N R M N M E I
X H U L T F T P D K W T I W E I T N U
Q E R L K N T E M R X E N A I N A I P
M R F W E E T I A A U R I Q S G W J F
Q E E J I C A E B T K U A P T U Z A Z
M G W P M D Z V F O I T R B E M X P W
B E Y N O X E W O L P L T H R B W J Z
F I G T I N Z K T B F Z A E Y R I D U
J S D E X L E F T H A N D U W G M M Z
Y A V B I H W P L C U K S E Q N R P L
Z X Q E M S T B X Q L J V U M K L W X
Z P Q C S S A P Z O K A O F H N A H R
J M G D F K Z N O F M B W N J U Z T U
B X V Y H K Y Y Y F H S W B X O N Q E
W Y J H K H E Z R O C F B K L I N P Q
C U H O T I P N K U X G B T Q C R X N
```

B	U	J	N	F	U	A	F	D	Z	B	L	K	W	R	E	P	P	O
T	B	R	V	E	O	K	M	X	M	W	R	O	U	D	L	I	H	K
X	C	M	O	D	T	R	O	P	H	A	E	E	L	H	T	E	P	R
A	D	L	S	N	X	E	M	V	L	E	U	H	U	E	R	D	E	L
O	S	S	G	U	Y	G	O	G	C	T	I	O	D	E	P	K	H	Y
F	F	A	J	R	J	G	E	R	T	I	R	P	W	W	P	K	B	A
Z	A	M	B	D	E	E	P	Y	I	M	S	B	N	V	U	K	B	G
Z	R	S	E	S	K	T	Q	I	S	R	T	C	L	P	R	S	Q	Z
D	U	M	T	X	R	U	T	I	T	E	L	H	J	P	C	Y	S	B
N	Z	Y	X	B	J	Z	N	U	M	T	D	D	D	H	T	Z	C	P
U	A	I	U	H	A	I	I	J	P	E	I	L	L	U	U	N	A	A
O	A	S	E	Q	N	L	M	S	U	U	F	A	R	D	E	L	M	M
J	M	M	V	D	K	X	L	D	W	S	G	N	F	V	V	K	X	D
E	I	L	K	K	K	U	H	Y	O	F	I	V	O	R	P	H	D	P
F	D	V	B	U	E	Q	V	P	E	E	C	N	G	L	O	T	D	J
O	R	Q	U	U	Q	G	B	L	R	J	P	J	E	R	J	Y	I	A
B	V	Z	T	U	N	Z	D	L	X	R	G	Q	W	T	N	K	P	Y
U	P	M	Q	E	Y	H	E	I	X	F	S	M	I	P	J	A	Z	K
A	F	D	B	N	U	I	D	A	S	M	N	V	N	Q	L	E	X	B
C	H	L	O	S	T	W	I	Y	H	P	Q	W	N	M	K	P	W	I
O	U	Q	U	E	P	W	W	A	X	T	R	B	E	A	A	H	S	H
D	W	H	R	U	C	Y	E	L	G	Q	R	B	R	D	Y	J	N	G
U	H	I	Y	G	T	B	N	O	J	G	L	Y	F	Z	J	A	C	R
K	T	G	G	R	V	Q	H	F	Y	D	B	J	Q	X	G	L	S	I

4

TROPHAEE
GEWINNER
FASTBALL
ETERMITE
EMF

TURNIERLEITER
ABSCHLAGFELD
RUNDE
PUTTER
HUERDE

Lösung

B U J N F U A F D Z B L K W R E P P O
T B R V E O K M X M W R O U D L I H K
X C M O D T R O P H A E E L H T E P R
A D L S N X E M V L E U H U E R D E L
O S S G U Y G O G C T I O D E P K H Y
F F A J R J G E R T I R P W W P K B A
Z A M B D E E P Y I M S B N V U K B G
Z R S E S K T Q I S R T C L P R S Q Z
D U M T X R U T I T E L H J P C Y S B
N Z Y X B J Z N U M T D D D H T Z C P
U A I U H A I I J P E I L L U U N A A
O A S E Q N L M S U U F A R D E L M M
J M M V D K X L D W S G N F V V K X D
E I L K K K U H Y O F I V O R P H D P
F D V B U E Q V P E E C N G L O T D J
O R Q U U Q G B L R J P J E R J Y I A
B V Z T U N Z D L X R G Q W T N K P Y
U P M Q E Y H E I X F S M I P J A Z K
A F D B N U I D A S M N V N Q L E X B
C H L O S T W I Y H P Q W N M K P W I
O U Q U E P W W A X T R B E A A H S H
D W H R U C Y E L G Q R B R D Y J N G
U H I Y G T B N O J G L Y F Z J A C R
K T G G R V Q H F Y D B J Q X G L S I

C	L	I	C	K	E	R	L	F	Y	V	T	S	V	Q	T	P	V	O
G	R	D	K	P	F	X	V	R	X	W	T	K	S	Y	N	J	L	H
T	J	Z	T	V	I	Q	L	W	F	I	R	K	P	V	L	C	C	F
O	N	E	Q	G	R	B	G	H	P	E	Y	D	T	E	E	E	W	T
P	J	I	L	N	N	J	J	P	B	L	L	O	H	I	C	M	H	M
S	T	T	N	B	T	L	E	O	I	A	P	K	Y	C	I	F	Z	V
P	B	S	M	G	F	R	U	A	I	O	D	M	W	N	O	Z	M	K
I	L	P	F	H	D	N	M	P	L	F	O	H	Y	T	X	L	D	Q
E	Q	I	A	A	D	Z	N	I	T	Y	E	S	T	J	F	R	G	I
L	B	E	I	W	F	X	L	O	I	I	N	W	N	R	R	A	J	H
G	M	L	Y	G	P	D	Q	P	M	N	K	K	C	Y	T	N	R	T
C	X	T	W	D	J	X	B	T	N	V	I	F	H	G	Z	F	N	K
F	L	N	F	O	V	H	E	I	U	A	I	N	A	X	I	W	H	A
P	F	L	A	S	B	F	A	I	R	P	L	A	Y	I	F	Z	C	A
U	G	Y	U	O	R	A	J	E	M	Y	J	E	O	M	K	G	H	N
B	X	X	I	G	L	A	E	C	T	R	H	E	C	N	F	U	Y	X
C	P	S	W	S	K	L	X	C	E	N	Z	P	Q	F	I	R	B	V
P	H	A	Q	W	S	P	L	S	Y	Q	E	Z	T	L	M	K	O	Y
D	S	T	U	B	H	T	C	T	O	L	K	F	Q	X	P	I	D	Y
K	K	K	E	P	U	K	V	Y	P	O	B	H	L	Y	Z	A	Y	F
X	P	J	O	D	V	X	O	V	L	E	U	U	J	Q	M	O	G	V
S	V	B	F	X	A	I	N	D	Z	C	Z	X	E	J	D	K	N	M
G	E	G	N	U	R	H	E	A	N	R	E	T	S	I	J	C	J	Z
J	I	Y	O	L	P	V	K	F	M	C	O	U	R	S	E	I	E	G

5

STIPPER
CLICKER
ERNAEHRUNG
LOCH
COURSE

REBOUND
TOPSPIEL
KRAFT
FAIRPLAY
ZEITSPIEL

Lösung

C L I C K E R L F Y V T S V Q T P V O
G R D K P F X V R X W T K S Y N J L H
T J Z T V I Q L W F I R K P V L C C F
O N E Q G R B G H P E Y D T E E E W T
P J I L N N J J P B L L O H I C M H M
S T T N B T L E O I A P K Y C I F Z V
P B S M G F R U A I O D M W N O Z M K
I L P F H D N M P L F O H Y T X L D Q
E Q I A A D Z N I T Y E S T J F R G I
L B E I W F X L O I I N W N R R A J H
G M L Y G P D Q P M N K K C Y T N R T
C X T W D J X B T N V I F H G Z F N K
F L N F O V H E I U A I N A X I W H A
P F L A S B F A I R P L A Y I F Z C A
U G Y U O R A J E M Y J E O M K G H N
B X X I G L A E C T R H E C N F U Y X
C P S W S K L X C E N Z P Q F I R B V
P H A Q W S P L S Y Q E Z T L M K O Y
D S T U B H T C T O L K F Q X P I D Y
K K K E P U K V Y P O B H L Y Z A Y F
X P J O D V X O V L E U U J Q M O G V
S V B F X A I N D Z C Z X E J D K N M
G E G N U R H E A N R E T S I J C J Z
J I Y O L P V K F M C O U R S E I E G

T	N	S	W	X	U	E	G	B	L	E	N	V	C	O	I	X	B	I
W	A	H	E	F	F	W	J	U	H	F	F	Z	S	C	D	N	C	A
R	I	B	L	E	H	R	V	K	K	V	G	W	Q	R	S	U	M	W
Q	T	P	D	H	O	T	E	N	P	N	H	E	E	S	P	Y	X	U
X	P	I	T	N	Y	S	R	T	D	J	B	I	P	R	P	L	W	K
F	I	P	I	Q	K	G	L	P	M	Y	D	V	U	K	D	P	E	Z
B	N	I	S	R	Q	M	U	X	Z	C	C	R	Z	I	I	W	T	F
W	N	U	P	N	O	F	S	P	I	E	L	E	N	D	E	T	I	D
U	G	H	I	A	M	C	T	V	H	D	E	T	R	T	Q	E	N	Y
V	Z	B	E	K	G	F	A	C	C	C	W	N	X	A	M	S	S	I
D	I	A	L	O	J	B	X	E	F	X	B	I	B	D	H	T	C	U
Y	U	M	P	O	P	K	H	E	O	U	O	J	U	N	K	S	R	N
T	Z	H	A	H	U	A	J	U	A	F	E	G	A	V	Q	W	A	T
D	A	B	U	F	Z	R	R	U	R	X	F	M	X	Z	J	I	T	A
S	Z	U	S	W	O	A	C	U	V	Y	T	Q	G	G	R	N	C	Q
E	W	M	E	U	I	A	C	W	G	D	O	E	A	Q	V	G	H	B
A	A	S	A	X	D	U	R	J	N	T	J	I	M	Q	H	U	E	V
F	A	A	P	V	D	L	E	G	S	I	E	R	P	B	I	C	Y	P
B	Z	J	R	K	N	C	M	C	M	R	E	Q	R	V	N	L	O	E
N	G	P	D	Q	Z	K	U	X	C	I	K	Y	V	Q	E	U	D	P
D	G	T	Y	W	Q	Q	H	Z	T	K	B	N	B	M	E	B	M	K
E	C	U	P	V	S	S	M	K	C	S	A	S	J	Y	R	Y	K	J
R	T	K	K	Z	U	C	Z	Z	W	O	Y	K	L	A	G	A	W	J
Z	T	N	A	O	J	X	Q	R	Z	A	Z	Z	C	J	F	Z	H	Y

6

INTERVIEW
PREISGELD
SPIELENDE
TESTSWING
VERLUST

SPIELPAUSE
TINSCRATCH
HOOK
GREEN
CLUB

Lösung

T	N	S	W	X	U	E	G	B	L	E	N	V	C	O	I	X	B	I
W	A	H	E	F	F	W	J	U	H	F	F	Z	S	C	D	N	C	A
R	I	B	L	E	H	R	V	K	K	V	G	W	Q	R	S	U	M	W
Q	T	P	D	H	O	T	E	N	P	N	H	E	E	S	P	Y	X	U
X	P	I	T	N	Y	S	R	T	D	J	B	I	P	R	P	L	W	K
F	I	P	I	Q	K	G	L	P	M	Y	D	V	U	K	D	P	E	Z
B	N	I	S	R	Q	M	U	X	Z	C	C	R	Z	I	I	W	T	F
W	N	U	P	N	O	F	S	P	I	E	L	E	N	D	E	T	I	D
U	G	H	I	A	M	C	T	V	H	D	E	T	R	T	Q	E	N	Y
V	Z	B	E	K	G	F	A	C	C	C	W	N	X	A	M	S	S	I
D	I	A	L	O	J	B	X	E	F	X	B	I	B	D	H	T	C	U
Y	U	M	P	O	P	K	H	E	O	U	O	J	U	N	K	S	R	N
T	Z	H	A	H	U	A	J	U	A	F	E	G	A	V	Q	W	A	T
D	A	B	U	F	Z	R	R	U	R	X	F	M	X	Z	J	I	T	A
S	Z	U	S	W	O	A	C	U	V	Y	T	Q	G	G	R	N	C	Q
E	W	M	E	U	I	A	C	W	G	D	O	E	A	Q	V	G	H	B
A	A	S	A	X	D	U	R	J	N	T	J	I	M	Q	H	U	E	V
F	A	A	P	V	D	L	E	G	S	I	E	R	P	B	I	C	Y	P
B	Z	J	R	K	N	C	M	C	M	R	E	Q	R	V	N	L	O	E
N	G	P	D	Q	Z	K	U	X	C	I	K	Y	V	Q	E	U	D	P
D	G	T	Y	W	Q	Q	H	Z	T	K	B	N	B	M	E	B	M	K
E	C	U	P	V	S	S	M	K	C	S	A	S	J	Y	R	Y	K	J
R	T	K	K	Z	U	C	Z	Z	W	O	Y	K	L	A	G	A	W	J
Z	T	N	A	O	J	X	Q	R	Z	A	Z	Z	C	J	F	Z	H	Y

T	T	C	H	P	E	Z	J	G	T	U	H	O	M	S	H	S	F	S
S	A	X	F	O	L	L	O	W	X	G	T	M	G	O	C	R	Z	G
M	Q	V	R	Y	M	Z	V	Q	P	B	I	M	B	H	C	D	O	Z
N	F	O	D	P	I	M	U	N	A	P	R	E	L	F	Y	S	B	Z
W	J	U	T	D	C	Q	S	K	E	V	Q	A	I	E	B	X	D	U
J	N	A	Q	H	Z	J	N	I	G	Q	E	B	S	U	Z	M	B	E
L	Z	M	M	Z	R	G	O	X	S	G	I	Y	P	I	M	H	J	I
P	B	U	E	V	L	O	B	B	E	G	L	K	G	I	D	K	Z	B
U	G	D	J	P	I	Q	U	R	Z	A	L	P	N	E	H	T	X	K
N	B	K	B	B	K	U	I	G	N	B	X	D	I	E	J	K	H	C
K	A	Q	I	C	Y	X	R	A	H	P	D	J	N	O	X	R	I	H
T	C	Y	J	U	R	O	R	Q	Z	N	Q	E	I	P	N	A	B	X
E	K	T	T	I	M	E	W	E	I	E	F	U	A	I	F	F	F	C
S	H	S	E	N	N	X	T	I	G	K	F	L	R	W	J	T	M	V
T	A	D	C	E	T	V	R	N	J	U	D	Q	T	E	B	T	R	M
A	N	C	G	X	O	O	U	R	Z	D	G	L	R	L	Q	R	S	S
N	D	E	A	H	P	T	H	L	Y	F	I	L	E	T	E	A	I	O
D	G	X	U	O	S	W	V	L	W	S	B	W	U	K	W	I	N	O
A	R	H	Q	A	K	V	N	W	T	D	U	M	A	L	P	N	M	G
S	I	S	L	T	Z	K	F	X	R	V	Y	J	D	A	R	I	Z	E
F	P	E	L	X	C	F	C	O	N	I	S	I	S	S	W	N	D	N
Z	B	W	X	R	B	A	B	J	O	V	S	R	U	S	M	G	S	V
W	P	M	U	Z	J	A	P	C	X	L	V	U	A	E	J	M	R	B
J	E	Y	L	E	G	M	G	C	W	D	S	N	A	F	I	Y	G	V

7

BACKHANDGRIP
KRAFTTRAINING
WELTKLASSE
BELASTUNG
PUNKTESTAND
FANS
FOLLOW THROUGH
GEGENERANALYSE
AUSDAUERTRAINING
SCHLAEGER

Lösung

T	T	C	H	P	E	Z	J	G	T	U	H	O	M	S	H	S	F	S
S	A	X	F	O	L	L	O	W	X	G	T	M	G	O	C	R	Z	G
M	Q	V	R	Y	M	Z	V	Q	P	B	I	M	B	H	C	D	O	Z
N	F	O	D	P	I	M	U	N	A	P	R	E	L	F	Y	S	B	Z
W	J	U	T	D	C	Q	S	K	E	V	Q	A	I	E	B	X	D	U
J	N	A	Q	H	Z	J	N	I	G	Q	E	B	S	U	Z	M	B	E
L	Z	M	M	Z	R	G	O	X	S	G	I	Y	P	I	M	H	J	I
P	B	U	E	V	L	O	B	B	E	G	L	K	G	I	D	K	Z	B
U	G	D	J	P	I	Q	U	R	Z	A	L	P	N	E	H	T	X	K
N	B	K	B	B	K	U	I	G	N	B	X	D	I	E	J	K	H	C
K	A	Q	I	C	Y	X	R	A	H	P	D	J	N	O	X	R	I	H
T	C	Y	J	U	R	O	R	Q	Z	N	Q	E	I	P	N	A	B	X
E	K	T	T	I	M	E	W	E	I	E	F	U	A	I	F	F	F	C
S	H	S	E	N	N	X	T	I	G	K	F	L	R	W	J	T	M	V
T	A	D	C	E	T	V	R	N	J	U	D	Q	T	E	B	T	R	M
A	N	C	G	X	O	O	U	R	Z	D	G	L	R	L	Q	R	S	S
N	D	E	A	H	P	T	H	L	Y	F	I	L	E	T	E	A	I	O
D	G	X	U	O	S	W	V	L	W	S	B	W	U	K	W	I	N	O
A	R	H	Q	A	K	V	N	W	T	D	U	M	A	L	P	N	M	G
S	I	S	L	T	Z	K	F	X	R	V	Y	J	D	A	R	I	Z	E
F	P	E	L	X	C	F	C	O	N	I	S	I	S	S	W	N	D	N
Z	B	W	X	R	B	A	B	J	O	V	S	R	U	S	M	G	S	V
W	P	M	U	Z	J	A	P	C	X	L	V	U	A	E	J	M	R	B
J	E	Y	L	E	G	M	G	C	W	D	S	N	A	F	I	Y	G	V

U	Q	Q	C	S	G	A	W	C	M	Y	W	K	Q	P	O	E	J	Z
V	H	B	L	G	W	F	V	K	B	X	X	O	Q	V	N	U	K	L
E	P	D	E	E	Z	A	O	X	C	K	B	R	D	H	E	C	C	S
E	J	O	K	I	G	S	Y	F	D	M	V	C	P	G	G	B	Z	M
I	N	H	Q	F	N	Y	P	F	T	D	R	A	W	T	U	O	G	W
N	V	B	G	T	S	I	K	Y	L	I	B	W	F	E	A	A	H	J
L	K	N	O	C	K	I	L	S	K	H	O	T	F	Y	Z	C	J	M
O	P	D	R	F	M	Y	V	Z	F	W	U	R	K	G	J	O	K	K
C	T	E	S	P	X	H	C	S	N	U	W	K	C	E	U	L	G	U
H	E	A	E	E	A	C	Q	M	L	E	J	S	C	B	N	P	J	W
E	E	T	C	N	Q	W	C	J	G	O	R	R	U	P	Y	B	G	L
N	T	H	O	U	T	R	O	S	G	N	U	G	A	R	T	S	U	A
Z	C	E	X	B	R	B	H	Y	J	T	R	H	F	W	E	X	G	L
L	P	Z	L	I	S	Y	T	X	N	A	P	O	T	V	H	T	O	C
J	H	R	Q	L	H	R	Q	D	X	A	W	H	K	Z	V	S	K	K
F	H	O	X	K	I	X	S	R	D	U	K	L	V	S	E	M	P	J
K	N	O	U	H	W	W	T	T	Z	A	Q	H	P	V	N	Y	L	F
U	Q	S	X	O	D	C	S	J	Y	W	H	I	W	Q	M	H	J	B
R	Z	D	S	P	S	H	R	E	A	F	N	F	E	A	N	B	G	U
U	E	F	U	D	K	C	N	B	G	C	X	G	L	J	O	O	N	L
Z	W	X	D	P	U	M	T	R	A	E	Z	D	B	F	L	Z	C	T
W	M	H	D	F	N	V	H	Y	B	U	I	I	C	Y	S	F	K	O
R	Y	Q	E	J	H	O	E	P	O	J	G	S	E	F	I	C	B	P
T	R	I	N	Z	I	O	J	F	G	Y	B	X	A	Q	O	Y	Q	J

8

GLUECKWUNSCH
OUTWARD SPIN
GRENZLINIE
TEE
AUSTRAGUNGSORT

SIEGESWILLE
ISLON
KNOCK
EINLOCHEN
SUDDEN DEATH

Lösung

U	Q	Q	C	S	G	A	W	C	M	Y	W	K	Q	P	O	E	J	Z
V	H	B	L	G	W	F	V	K	B	X	X	O	Q	V	N	U	K	L
E	P	D	E	E	Z	A	O	X	C	K	B	R	D	H	E	C	C	S
E	J	O	K	I	G	S	Y	F	D	M	V	C	P	G	G	B	Z	M
I	N	H	Q	F	N	Y	P	F	T	D	R	A	W	T	U	O	G	W
N	V	B	G	T	S	I	K	Y	L	I	B	W	F	E	A	A	H	J
L	K	N	O	C	K	I	L	S	K	H	O	T	F	Y	Z	C	J	M
O	P	D	R	F	M	Y	V	Z	F	W	U	R	K	G	J	O	K	K
C	T	E	S	P	X	H	C	S	N	U	W	K	C	E	U	L	G	U
H	E	A	E	E	A	C	Q	M	L	E	J	S	C	B	N	P	J	W
E	E	T	C	N	Q	W	C	J	G	O	R	R	U	P	Y	B	G	L
N	T	H	O	U	T	R	O	S	G	N	U	G	A	R	T	S	U	A
Z	C	E	X	B	R	B	H	Y	J	T	R	H	F	W	E	X	G	L
L	P	Z	L	I	S	Y	T	X	N	A	P	O	T	V	H	T	O	C
J	H	R	Q	L	H	R	Q	D	X	A	W	H	K	Z	V	S	K	K
F	H	O	X	K	I	X	S	R	D	U	K	L	V	S	E	M	P	J
K	N	O	U	H	W	W	T	T	Z	A	Q	H	P	V	N	Y	L	F
U	Q	S	X	O	D	C	S	J	Y	W	H	I	W	Q	M	H	J	B
R	Z	D	S	P	S	H	R	E	A	F	N	F	E	A	N	B	G	U
U	E	F	U	D	K	C	N	B	G	C	X	G	L	J	O	O	N	L
Z	W	X	D	P	U	M	T	R	A	E	Z	D	B	F	L	Z	C	T
W	M	H	D	F	N	V	H	Y	B	U	I	I	C	Y	S	F	K	O
R	Y	Q	E	J	H	O	E	P	O	J	G	S	E	F	I	C	B	P
T	R	I	N	Z	I	O	J	F	G	Y	B	X	A	Q	O	Y	Q	J

G	N	U	D	I	E	H	C	S	T	N	E	H	D	D	V	F	U	F
G	Q	L	W	E	C	Z	C	Z	H	Z	D	V	O	N	H	S	F	B
R	E	S	U	A	P	N	E	G	E	R	B	Q	S	N	Z	R	I	R
W	L	A	F	S	E	B	B	G	P	Z	E	U	L	K	E	J	N	W
Q	S	T	I	Y	Y	K	U	H	N	B	X	G	J	J	L	N	D	C
L	Z	C	K	J	M	F	N	E	E	I	O	I	E	V	D	C	D	B
R	E	U	A	H	C	S	U	Z	H	M	E	N	R	L	W	Y	N	X
L	W	L	L	J	A	S	V	L	C	C	A	E	G	I	N	R	I	T
B	Z	B	E	Z	J	S	J	W	A	R	Q	N	T	N	L	O	A	F
I	T	M	F	Y	K	Y	U	W	Y	Y	W	D	D	Y	I	K	K	B
C	F	N	A	W	J	Y	W	E	G	C	Q	I	B	N	A	V	F	K
Y	U	R	T	T	N	C	X	A	J	R	G	E	G	N	J	A	B	R
X	X	R	S	Q	H	J	F	M	I	U	I	G	C	I	L	C	N	A
H	E	A	I	J	N	X	D	G	C	B	V	H	E	W	T	C	R	C
B	V	P	N	J	D	L	Y	S	V	L	X	H	P	E	E	K	S	X
P	C	F	B	I	Y	X	C	Z	G	Y	F	J	Y	G	Z	P	U	M
T	V	P	E	P	M	H	X	N	M	F	F	G	K	B	F	C	N	Y
S	X	H	G	E	T	C	A	V	C	N	H	N	M	J	H	C	Z	T
V	Z	R	R	C	S	U	G	G	F	T	G	Q	N	U	J	O	M	X
L	N	V	E	Z	J	R	K	U	J	G	Q	W	K	Z	H	T	S	O
S	P	U	L	I	Z	B	H	Q	R	X	C	C	T	F	D	X	E	K
K	L	Z	Z	N	G	B	M	J	P	U	Q	N	A	E	R	A	B	Y
E	T	D	B	G	X	A	O	D	L	J	M	S	T	A	D	I	O	N
D	W	K	X	D	P	H	L	S	E	A	Y	N	H	Y	I	R	E	N

9

ZUSCHAUER
ERGEBNISTAFEL
BONGNI
ABBRUCH
STADION

REGENPAUSE
REGELN
TEEING AREA
GEWINN
ENTSCHEIDUNG

Lösung

G N U D I E H C S T N E H D D V F U F
G Q L W E C Z C Z H Z D V O N H S F B
R E S U A P N E G E R B Q S N Z R I R
W L A F S E B B G P Z E U L K E J N W
Q S T I Y Y K U H N B X G J J L N D C
L Z C K J M F N E E I O I E V D C D B
R E U A H C S U Z H M E N R L W Y N X
L W L L J A S V L C C A E G I N R I T
B Z B E Z J S J W A R Q N T N L O A F
I T M F Y K Y U W Y Y W D D Y I K K B
C F N A W J Y W E G C Q I B N A V F K
Y U R T T N C X A J R G E G N J A B R
X X R S Q H J F M I U I G C I L C N A
H E A I J N X D G C B V H E W T C R C
B V P N J D L Y S V L X H P E E K S X
P C F B I Y X C Z G Y F J Y G Z P U M
T V P E P M H X N M F F G K B F C N Y
S X H G E T C A V C N H N M J H C Z T
V Z R R C S U G G F T G Q N U J O M X
L N V E Z J R K U J G Q W K Z H T S O
S P U L I Z B H Q R X C C T F D X E K
K L Z Z N G B M J P U Q N A E R A B Y
E T D B G X A O D L J M S T A D I O N
D W K X D P H L S E A Y N H Y I R E N

E	Z	K	E	J	F	K	B	P	W	T	T	A	T	Q	R	V	X	X
Q	R	W	N	N	P	K	C	G	I	L	K	A	F	A	E	U	C	K
R	U	R	Z	O	P	E	P	B	W	O	F	U	F	G	M	T	V	Q
U	M	A	M	Z	Z	I	L	E	P	R	V	A	M	F	K	U	Z	Q
X	A	A	N	R	P	G	O	O	G	E	C	A	C	H	A	G	S	H
N	I	P	M	B	G	Z	B	D	H	W	E	M	L	Z	N	E	W	N
R	I	Q	U	X	R	N	F	A	W	O	F	K	Q	H	P	W	B	I
P	G	S	S	T	T	C	V	X	K	I	X	E	E	V	I	J	A	R
Z	D	Z	W	A	T	D	W	A	H	T	P	O	C	D	S	R	Z	E
U	A	B	X	T	Q	E	Q	V	N	O	O	E	F	B	R	Y	J	H
K	G	D	O	Y	Q	L	N	O	V	S	F	E	H	V	L	Z	Q	I
L	L	O	K	O	T	O	R	P	L	E	I	P	S	X	A	I	C	K
P	N	J	X	P	O	K	Z	E	J	L	R	O	G	G	J	N	P	L
Z	T	I	H	V	E	N	C	W	B	W	S	L	E	J	P	O	W	U
F	S	G	S	S	L	M	E	Z	E	C	R	X	E	X	I	O	I	T
Q	G	A	Z	I	I	E	Y	M	H	T	Q	W	K	T	T	L	H	E
U	V	F	J	W	L	L	I	I	C	H	T	D	I	K	Z	A	Q	C
I	C	K	C	L	Y	O	J	P	E	Y	B	B	S	V	P	U	Y	T
Y	T	V	A	X	C	H	Y	R	S	F	Q	M	E	Q	B	Q	N	G
I	X	B	K	X	I	L	Z	Q	K	T	E	Y	E	W	O	Z	F	G
U	V	G	R	U	E	N	X	P	P	I	K	V	N	G	E	J	Z	L
Z	K	F	G	L	W	A	L	A	I	I	N	N	O	B	I	R	D	I
E	E	N	X	I	W	R	H	G	V	J	N	L	U	V	Y	K	B	L
V	K	R	B	H	Q	J	B	W	M	H	K	I	F	P	W	R	I	V

10

VERLETZUNG

PUNKTSPIEL

HOLE

OSCHI

HOLE IN ONE

GRUEN

WETTBEWERB

SPIELPROTOKOLL

PUTTEN

PEEKED BALL

Lösung

E	Z	K	E	J	F	K	B	P	W	T	T	A	T	Q	R	V	X	X
Q	R	W	N	N	P	K	C	G	I	L	K	A	F	A	E	U	C	K
R	U	R	Z	O	P	E	P	B	W	O	F	U	F	G	M	T	V	Q
U	M	A	M	Z	Z	I	L	E	P	R	V	A	M	F	K	U	Z	Q
X	A	A	N	R	P	G	O	O	G	E	C	A	C	H	A	G	S	H
N	I	P	M	B	G	Z	B	D	H	W	E	M	L	Z	N	E	W	N
R	I	Q	U	X	R	N	F	A	W	O	F	K	Q	H	P	W	B	I
P	G	S	S	T	T	C	V	X	K	I	X	E	E	V	I	J	A	R
Z	D	Z	W	A	T	D	W	A	H	T	P	O	C	D	S	R	Z	E
U	A	B	X	T	Q	E	Q	V	N	O	O	E	F	B	R	Y	J	H
K	G	D	O	Y	Q	L	N	O	V	S	F	E	H	V	L	Z	Q	I
L	L	O	K	O	T	O	R	P	L	E	I	P	S	X	A	I	C	K
P	N	J	X	P	O	K	Z	E	J	L	R	O	G	G	J	N	P	L
Z	T	I	H	V	E	N	C	W	B	W	S	L	E	J	P	O	W	U
F	S	G	S	S	L	M	E	Z	E	C	R	X	E	X	I	O	I	T
Q	G	A	Z	I	I	E	Y	M	H	T	Q	W	K	T	T	L	H	E
U	V	F	J	W	L	L	I	I	C	H	T	D	I	K	Z	A	Q	C
I	C	K	C	L	Y	O	J	P	E	Y	B	B	S	V	P	U	Y	T
Y	T	V	A	X	C	H	Y	R	S	F	Q	M	E	Q	B	Q	N	G
I	X	B	K	X	I	L	Z	Q	K	T	E	Y	E	W	O	Z	F	G
U	V	G	R	U	E	N	X	P	P	I	K	V	N	G	E	J	Z	L
Z	K	F	G	L	W	A	L	A	I	I	N	N	O	B	I	R	D	I
E	E	N	X	I	W	R	H	G	V	J	N	L	U	V	Y	K	B	L
V	K	R	B	H	Q	J	B	W	M	H	K	I	F	P	W	R	I	V

O	K	E	X	H	G	Q	P	E	O	W	F	S	W	Y	C	C	Q	U
V	L	F	T	A	F	O	R	X	N	T	O	U	F	N	M	F	O	Z
P	B	K	M	Y	L	E	S	V	I	A	O	G	A	C	U	T	A	N
O	X	M	U	F	K	C	V	Z	W	W	E	T	D	I	C	B	Q	I
G	W	H	S	I	N	A	R	U	T	E	U	E	Z	X	R	C	P	P
W	A	I	P	N	T	F	I	U	Y	R	T	Q	H	V	P	Q	L	S
G	G	L	O	L	S	A	W	I	A	N	A	P	H	R	B	W	R	X
O	W	I	H	R	H	Z	R	L	M	U	O	R	A	Y	G	A	Y	Q
I	V	N	Z	C	L	S	O	I	S	U	R	E	T	Z	P	D	B	R
U	Q	C	H	R	S	P	S	B	P	E	W	L	S	K	A	R	Y	W
J	H	G	P	K	A	N	U	R	C	D	P	E	Q	C	J	A	F	N
R	A	K	I	F	P	H	R	T	I	P	I	I	M	A	J	Q	Q	Y
H	M	N	F	F	E	A	K	P	N	R	P	P	Z	H	F	J	Y	Y
F	P	F	Q	N	W	Z	T	O	Y	H	I	S	S	T	Z	E	H	X
I	M	R	I	B	Q	Y	P	T	J	O	H	Z	S	S	O	C	G	H
D	C	W	A	A	E	L	E	E	D	F	V	T	B	S	U	X	K	J
N	M	L	Q	F	A	S	Z	H	I	H	X	A	G	O	T	A	Y	T
U	L	Q	F	T	L	U	E	L	F	S	K	S	Z	N	F	T	F	C
A	G	T	Z	N	C	Z	Z	R	Q	A	I	R	B	B	I	F	E	V
H	F	B	W	T	D	G	R	V	T	J	S	E	L	Y	T	G	O	F
Q	D	E	G	I	O	B	T	N	D	O	D	A	U	L	W	R	C	H
R	H	K	S	L	X	L	N	U	J	J	E	S	U	D	L	E	J	C
M	Z	M	F	O	U	L	S	T	R	O	K	E	L	A	V	O	D	I
M	T	V	S	P	X	W	F	S	Z	D	F	C	H	U	K	T	Y	W

11

WMF
OUTFIT
RAWBALL
FILZGOLF
NATURAL SPIN
ERSATZSPIELER
AUSBUHEN
FOULSTROKE
PLATZ
SCHLAG

Lösung

O	K	E	X	H	G	Q	P	E	O	W	F	S	W	Y	C	C	Q	U
V	L	F	T	A	F	O	R	X	N	T	O	U	F	N	M	F	O	Z
P	B	K	M	Y	L	E	S	V	I	A	O	G	A	C	U	T	A	N
O	X	M	U	F	K	C	V	Z	W	W	E	T	D	I	C	B	Q	I
G	W	H	S	I	N	A	R	U	T	E	U	E	Z	X	R	C	P	P
W	A	I	P	N	T	F	I	U	Y	R	T	Q	H	V	P	Q	L	S
G	G	L	O	L	S	A	W	I	A	N	A	P	H	R	B	W	R	X
O	W	I	H	R	H	Z	R	L	M	U	O	R	A	Y	G	A	Y	Q
I	V	N	Z	C	L	S	O	I	S	U	R	E	T	Z	P	D	B	R
U	Q	C	H	R	S	P	S	B	P	E	W	L	S	K	A	R	Y	W
J	H	G	P	K	A	N	U	R	C	D	P	E	Q	C	J	A	F	N
R	A	K	I	F	P	H	R	T	I	P	I	I	M	A	J	Q	Q	Y
H	M	N	F	F	E	A	K	P	N	R	P	P	Z	H	F	J	Y	Y
F	P	F	Q	N	W	Z	T	O	Y	H	I	S	S	T	Z	E	H	X
I	M	R	I	B	Q	Y	P	T	J	O	H	Z	S	S	O	C	G	H
D	C	W	A	A	E	L	E	E	D	F	V	T	B	S	U	X	K	J
N	M	L	Q	F	A	S	Z	H	I	H	X	A	G	O	T	A	Y	T
U	L	Q	F	T	L	U	E	L	F	S	K	S	Z	N	F	T	F	C
A	G	T	Z	N	C	Z	Z	R	Q	A	I	R	B	B	I	F	E	V
H	F	B	W	T	D	G	R	V	T	J	S	E	L	Y	T	G	O	F
Q	D	E	G	I	O	B	T	N	D	O	D	A	U	L	W	R	C	H
R	H	K	S	L	X	L	N	U	J	J	E	S	U	D	L	E	J	C
M	Z	M	F	O	U	L	S	T	R	O	K	E	L	A	V	O	D	I
M	T	V	S	P	X	W	F	S	Z	D	F	C	H	U	K	T	Y	W

H X Y U I C Q L N E A V H Q P M H D P
H J N V B M U I J F R K D C N I K B U
G Y T U R N I E R A P R A E J Z S A N
U M F Y C T W Z I A Q X R W O G J H N
F D V Q F C L O L S A O P T K S N N T
T A E Q O G T R J B I M Y O C L H E V
X R R K N Z D O N N O C M F J U Q N B
T G W H V Q Q G E W N E F W K M G G M
O S A O P D X S J Q B O C X O V F O M
N T R M U J D H M A D K W T I A P L W
F I N V Q K W I G P W C I R Z R B F N
F E U G K T J F T Y E V G N C M S B G
S K N O O O U I A G A Z E B N M Q G E
N G G G H A H E J T O R F F P B V C S
B I D U J B K D I C O V O Y F X A I P
C R X N C Q Y O B C X G T M T L Q R S
C E R I D Z N P S B V D X P Q X G R O
I I V X I Z I E L K R E I S V C I S B
O W B E H B W V F N U K O L D C K F L
N H L B B J Z A Q N M T V Y D Z A L R
O C F C C T J N U F R X S O M Y N W M
R S K A N L A G E Z Y V H W Z A U S Y
X Z F U Q V R W E P B X N U Y W Q W A
X P I W K N R Z G Q H B M D F Z O W D

12

BAHNENGOLF
SCORE
ANLAGE
MOTIVATION
TURNIER

SENIOREN
VERWARNUNG
AUFGABE
SCHWIERIGKEITSGRAD
ZIELKREIS

Lösung

H X Y U I C Q L N E A V H Q P M H D P
H J N V B M U I J F R K D C N I K B U
G Y T U R N I E R A P R A E J Z S A N
U M F Y C T W Z I A Q X R W O G J H N
F D V Q F C L O L S A O P T K S N N T
T A E Q O G T R J B I M Y O C L H E V
X R R K N Z D O N N O C M F J U Q N B
T G W H V Q Q G E W N E F W K M G G M
O S A O P D X S J Q B O C X O V F O M
N T R M U J D H M A D K W T I A P L W
F I N V Q K W I G P W C I R Z R B F N
F E U G K T J F T Y E V G N C M S B G
S K N O O O U I A G A Z E B N M Q G E
N G G G H A H E J T O R F F P B V C S
B I D U J B K D I C O V O Y F X A I P
C R X N C Q Y O B C X G T M T L Q R S
C E R I D Z N P S B V D X P Q X G R O
I I V X I Z I E L K R E I S V C I S B
O W B E H B W V F N U K O L D C K F L
N H L B B J Z A Q N M T V Y D Z A L R
O C F C C T J N U F R X S O M Y N W M
R S K A N L A G E Z Y V H W Z A U S Y
X Z F U Q V R W E P B X N U Y W Q W A
X P I W K N R Z G Q H B M D F Z O W D

D	K	R	A	R	S	O	K	A	C	P	P	I	I	P	W	P	K	H
I	Z	A	L	H	G	M	Q	M	S	F	E	M	H	L	X	R	P	N
K	N	E	O	R	A	T	J	C	A	Y	L	H	V	H	W	Q	E	I
P	X	H	O	Z	L	W	Z	E	Q	N	G	A	S	Q	U	D	I	E
K	E	K	W	R	H	K	Z	L	B	A	N	S	Q	T	U	U	P	D
N	F	A	W	P	C	V	Z	C	G	Q	O	S	G	A	A	N	Z	E
Y	A	T	D	V	S	F	V	R	Q	H	H	O	C	O	Z	Y	T	R
N	R	D	M	D	N	I	Q	I	T	A	Q	X	S	H	G	L	J	L
R	T	L	J	R	E	Y	V	C	H	A	T	P	F	T	A	D	C	A
Y	S	Z	F	J	K	Q	Y	D	S	M	P	X	Q	H	A	F	K	G
U	U	M	F	B	C	U	P	N	Y	H	D	B	U	K	S	F	T	E
B	S	T	Q	J	O	S	P	E	K	V	E	A	U	B	I	K	P	Y
H	H	L	C	D	R	U	H	R	L	Q	R	M	C	V	F	F	K	X
G	A	V	I	T	T	M	A	W	D	G	Q	P	H	N	X	E	J	M
R	C	O	S	K	R	F	X	D	B	C	D	A	N	U	D	P	B	X
G	L	R	X	P	T	Z	J	Q	P	U	J	M	G	R	L	G	C	K
R	L	R	L	R	O	C	Z	Y	R	I	N	B	V	L	K	G	L	R
W	Z	W	A	W	F	A	J	Y	E	T	I	L	A	K	Q	M	N	L
M	I	U	Y	F	O	Q	F	C	O	N	C	W	N	I	A	J	T	L
Y	M	E	L	E	N	N	F	Y	O	G	W	A	P	J	K	M	I	U
T	P	E	I	N	I	L	E	G	E	L	B	A	R	W	C	Q	C	F
X	N	H	E	C	K	M	H	A	F	F	Y	E	J	R	Y	S	G	Y
N	N	N	I	Y	Q	Y	C	Q	M	H	O	J	K	M	N	W	C	Q
J	L	W	K	P	E	J	C	O	H	O	U	N	G	P	I	O	N	C

13

ENDCIRCLE
STRAFE
KRAFTRAUM
NIEDERLAGE
WALL

MANNSCHAFT
FATSO
AS
TROCKENSCHLAG
ABLEGELINIE

Lösung

D	K	R	A	R	S	O	K	A	C	P	P	I	I	P	W	P	K	H
I	Z	A	L	H	G	M	Q	M	S	F	E	M	H	L	X	R	P	N
K	N	E	O	R	A	T	J	C	A	Y	L	H	V	H	W	Q	E	I
P	X	H	O	Z	L	W	Z	E	Q	N	G	A	S	Q	U	D	I	E
K	E	K	W	R	H	K	Z	L	B	A	N	S	Q	T	U	U	P	D
N	F	A	W	P	C	V	Z	C	G	Q	O	S	G	A	A	N	Z	E
Y	A	T	D	V	S	F	V	R	Q	H	H	O	C	O	Z	Y	T	R
N	R	D	M	D	N	I	Q	I	T	A	Q	X	S	H	G	L	J	L
R	T	L	J	R	E	Y	V	C	H	A	T	P	F	T	A	D	C	A
Y	S	Z	F	J	K	Q	Y	D	S	M	P	X	Q	H	A	F	K	G
U	U	M	F	B	C	U	P	N	Y	H	D	B	U	K	S	F	T	E
B	S	T	Q	J	O	S	P	E	K	V	E	A	U	B	I	K	P	Y
H	H	L	C	D	R	U	H	R	L	Q	R	M	C	V	F	F	K	X
G	A	V	I	T	T	M	A	W	D	G	Q	P	H	N	X	E	J	M
R	C	O	S	K	R	F	X	D	B	C	D	A	N	U	D	P	B	X
G	L	R	X	P	T	Z	J	Q	P	U	J	M	G	R	L	G	C	K
R	L	R	L	R	O	C	Z	Y	R	I	N	B	V	L	K	G	L	R
W	Z	W	A	W	F	A	J	Y	E	T	I	L	A	K	Q	M	N	L
M	I	U	Y	F	O	Q	F	C	O	N	C	W	N	I	A	J	T	L
Y	M	E	L	E	N	N	F	Y	O	G	W	A	P	J	K	M	I	U
T	P	E	I	N	I	L	E	G	E	L	B	A	R	W	C	Q	C	F
X	N	H	E	C	K	M	H	A	F	F	Y	E	J	R	Y	S	G	Y
N	N	N	I	Y	Q	Y	C	Q	M	H	O	J	K	M	N	W	C	Q
J	L	W	K	P	E	J	C	O	H	O	U	N	G	P	I	O	N	C